浙江有意思

“浙江有意思”系列

总策划 王 寒

衢州有意思

许彤 著

浙江工商大学出版社·杭州

作　者　简　介

许　彤

作家，资深媒体人，新闻、文学跨界者。二级教授，高级编辑，一级作家。中国作家协会会员，中国报告文学学会会员，中国作家协会九大、十大代表，浙江省作家协会主席团成员。获评首届中国报纸副刊孙犁编辑奖，首批浙江省宣传文化系统"五个一批"人才，第三届浙江飘萍奖，浙江省151人才，第二、三届衢州市拔尖人才，衢州市文化人才"香樟奖"、文艺精品"南孔奖"，等等。

祖籍江苏南通，爱长江、黄海之滨的故乡，更爱一直生活的国家历史文化名城——衢州。爱自然，爱阅读，爱行走，爱美食，尤爱读城。

衢州市作家协会主席

衢州日报报业传媒集团副总编辑

代表作有：

《世上惟一的花》

《作家笔下的衢州》

《一脉青山话衢州》

1

衢州这座城，从难认的“衢”字到鲜辣的“三头一掌”，从“南孔圣地”到“有礼衢州”，都有说不尽的有意思的事儿。有人以“不知道衢州，还谈什么读懂浙江”为题，告诉你一个与温婉的浙江大不相同，包容了吴越、徽派、客家、八闽等文化的神一样存在的衢州。

2

真没想到，2000 多年前，孔老夫子就为他南宗后裔所在的衢州想好了广告语：“有朋自远方来，不亦乐乎？”这样的乐，是衢州人之乐，更是八方宾朋之乐。

2019 年元旦开始，一条小鱼游进央视新闻频道，游进了亿万观众的心里。伴随着一声“南孔圣地・衢州有礼”，一部时长 15 秒的城市形象片亮相央视。

3

2020年热播剧《三十而已》女主角王漫妮自称是衢州人，她在剧中一句“我家是衢州的”，“炸”出好多观众追剧发弹幕，认亲的有之：“漫妮，我也是衢州的嘞！”宣传家乡的有之：“南孔圣地·衢州有礼。”普及“衢州”读音和宣传衢州美食的有之。可追着追着，大家发现电视剧里的好像不是咱衢州，喝不到手磨咖啡，甚至连常用的洗发水都买不到……衢州，竟被写成了仿佛没见过世面的小山村。这让小伙伴们哭笑不得，甚至觉得，编剧是否对江浙沪包邮区人民的生活有什么误解？

直到后来，电视剧《亲爱的，你在哪里》热播，第38集中出现了这样的对话：“你们现在在哪儿？”“我们现在在衢州。”“衢州可是个大地方……”如此这般，衢州又一回得到正解。

4

衢州号称“三个圣地”：南孔圣地，世界围棋朝圣地，针圣故里——针灸大师杨继洲家乡。

5

古人眼中的衢州是啥样？往来于衢州的达官贵人、文人墨客络绎不绝，留下了数以千计的诗作，既有宋杨万里眼里“红红白白花临水，碧碧黄黄麦际天”的丰年景象，也有明屠隆诗中“水暖沙晴溪女出，绿萝低映小桃花”的安居乐业。

古往今来，赞美衢州的诗数不清，最出名的当数南宋曾几的《三衢道中》：“梅子黄时日日晴，小溪泛尽却山行。绿阴不减来时路，添得黄鹂四五声。”这也是生态衢州最好的广告语。真应该感谢曾几先生，衢州凭借这首小诗成就了传世美名。

三衢道中

6

习近平说：让子孙后代既能享有丰富的物质财富，又能遥望星空、看见青山、闻到花香。

衢州人可以自信地说：现在，我们就能遥望星空、看见青山、闻到花香。

担任浙江省委书记期间，习近平5年间8次到衢视察调研，每次都叮嘱衢州人民："生态是衢州最大的比较优势、最响亮的品牌。要努力把生态优势转化为特色产业优势，依靠'绿水青山'求得'金山银山'。""绿水青山就是金山银山"理念提出17年来，衢州一边保护青山绿水，一边做大金山银山，不断提升绿水青山颜值，开掘金山银山价值，用满城的绿水青山捧出了金山银山。

7

衢州地图长啥样？倒三角。倒三角也可以风情万种：若将有名的"三头一掌"与衢州地图结合，就是一张美食地图；想到围棋发源地烂柯山，衢州就是个大棋盘；又像一片枫叶，光耀神州；也像一张荷叶，出淤泥而不染，惊艳世界。

8

衢州像一部时光机，记录下悠久、沧桑的历史。龙游荷花山遗址的发现，让文明之光照进了9000年前的衢州，竟比河姆渡还早2000年左右！春秋时，衢州属姑蔑国。衢州于东汉初平三年(192)建县，唐武德四年(621)建州，2021年，恰逢衢州建州1400周年。衢州有着1800多年建城史，早在1994年就被国务院命名为国家历史文化名城。

9

衢江考古新发现，古代姑蔑国极有可能真实存在！经国家文物局批准，2018—2021年，浙江省文物考古研究所对衢江区西周高等级土墩墓群中的4座进行发掘，随着大量文物的出土，史书中只有零星记载的“姑蔑国”渐渐掀开了神秘的面纱。专家初步判断，此墓群极有可能是姑蔑国的王陵所在。专家张森介绍，此墓群营造工艺复杂，地方色彩鲜明，为目前已知的江南地区西周时期规模最大、等级最高的土墩墓群。这项考古新发现，获评新时代浙江考古十大发现第二名，它为研究商周时期统一多民族国家的形成提供了新的历史线索。

10

2022年1月，浙江省文化和旅游厅公布了首批100个“浙江文化标识”培育项目，衢州7个项目成功入选，包括南孔文化、九华立春祭、衢江姑蔑文化、清漾毛氏文化、龙游商帮文化、宋诗之河文化带、钱江源文化。

11

人文衢州有“三宝”——一山、一庙、一人。山是烂柯山，烂柯山是中国围棋文化发祥地，“王质遇仙”的故事流传千年。庙是南宗孔氏家庙，衢州是孔氏家族的第二故乡，史称“东南阙里”，孔氏大宗800多年历史沧桑，其浩荡儒风影响整个江南。人是伟人毛泽东，其祖居地江山毛氏清漾村，清泉飞瀑荡漾，小村古朴安详。

同事耿海岩在《信安遗韵》短视频中说：凡人、圣人、伟人、鬼魅（衢州三怪），还有神仙，共居一郡，想来应该是衢州人的幸运，也当是衢州人的造化。

12

衢州之美，美在生态。240 多万衢州人生活在浙江省首个全市域国家级生态示范区内，多么幸福！衢州地表水和出境水水质达标率连续 10 年保持在 100%，森林覆盖率达 71.5%，空气质量达标天数位居全国前列。

开窗见绿，开门见林，衢州人在全国 330 多个地级市中，率先破译了绿色发展的密码，一连串国字号招牌拿到手软：中国优秀旅游城市、中国十大宜居城市、中国十佳特色休闲城市、中国宜居休闲之都、中国特色魅力城市、国家园林城市、国家卫生城市、国家森林城市、国家休闲区创建试点城市、首批国家循环经济示范城市……江山市、常山县还被联合国评为“全球绿色城市”。

13

2016 年 9 月，航天员进入了“天宫二号”，唤醒了衢州人的航天梦。我的同事立即发问：假如你是航天员，你会带衢州的什么东西上太空？热心网友迅速推荐了最能代表衢州的七样宝贝：围棋、《大同颂》、烤饼、橘子、龙顶茶、荷花山的土和钱江源的水。

衢州的七样宝贝

14

衢州车牌代码是浙 H，名列全省第八，这不稀奇。但衢州的电话区号是 0570，排在省会城市杭州（0571）之前，这就令人好奇了：难道衢州曾经很犀利，力压群雄在区号上做了一回老大？非也。据说是与台商林山兴先生相关。林老板跨越海峡来投资，有关部门就为他从杭州接了一条国际长途专线到衢州，衢州也因此有了区号 0570。林山兴先生是来大陆投资办厂的第一代台商，林家父子在衢州先后创办了 7 家企业。

又一说，是与早年衢州化工厂的国际业务繁多相关。

15

网上曾经流传过这样一段对话:

“阿姨,我要买去衢州的火车票。”“哦,江苏徐州吗?”

“不是,是衢州,复杂一点的衢。”“哦,安徽滁州吗?”

“不是,是衢州,四省通衢的衢。”

很多国人不认识“衢”字,在儒雅的衢州人心中,这些人是多么的“没文化”啊!有位歌星要上衢州的晚会,竟从北京飞到徐州;央视记者早年在北京王府井大街随机采访,十个路人中六人不识“衢”字……现在,这样的误会越来越少了。

16

衢州之名,源自三衢山——衢州的母亲山。衢州地处浙江的母亲河钱塘江的源头,南接福建,西连江西,北邻安徽,素有“四省通衢,五路总头”之美誉。“衢”,四通八达之义。“衢”字是中国地级市名字中笔画最多的,有24画。其实剖析一下,这个字挺简单,有数位市领导详解过“衢”之义:一行人向前走,两只眼睛向前看,看到最佳处,就是衢州;衢州,双目所及,均是行走佳地;行走在衢州,多看两眼,多住一晚,你会喜欢上它……8844平方千米的衢州大地,放眼皆胜地,举步即美景。在衢州人看来,这些都是对“衢”字最生动的解释,也是最深情的寄语。

17

以前衢州人出去读书，向五湖四海的同学介绍家乡时，用的是“浙江的西藏”；现在向朋友介绍衢州时，用的是“浙江的花园”。

“衢”字两边一凑，是“行走”的行，更是“行动”的行。行到衢州，被衢州吸引，留下来回馈衢州，真正做到“人为城来，城催人进，人在城中，城在心中”——这是经常给干部和市民刮头脑风暴、喜欢带领大家阅读的市委徐书记对衢州的最佳解读。

18

天王塔是衢州古城的地标性建筑，建于梁朝。老衢州人常说，先有天王塔，后有衢州城。一走近它，就会听到铜铃声声，仿佛衢州人的乡愁连绵不绝。民间有“不见天王塔，眼泪滴滴答”的民谣，曾经造成衢州人特别恋家、不爱出远门闯荡的小格局。以至于今天的有识之士忍不住振臂高呼：衢州人应该多走出去，看看比天王塔更大更高的六和塔、东方明珠、比萨斜塔、埃菲尔铁塔！

“不见天王塔，眼泪滴滴答”

19

自古以来，衢州不是个太平的地方，经历过种种浩劫，居然保存下这座近1500年历史的古老砖塔。要不是1952年夏天那场超强台风，衢州天王塔就成为中国最古老的塔了！半个世纪后，这座承载着衢州人无数乡愁和记忆的天王塔，重新矗立在信安湖畔。

20

衢州人不仅有天王塔情结，还有浓厚的盆地意识。地处金衢盆地，衢州人长期有着故土难离的地域文化观念，相对封闭局限，农耕文化烙印较深，时而妄自尊大，时而妄自菲薄，造成了衢州发展一度滞后。

浙东宁波人下南洋，浙中金华、义乌的货郎担挑到世界小商品之都，浙东南温州人走南闯北，浙西的衢州人却仍在山城里过着自己的小日子。

如今，衢州人开始打破盆地意识，跳出盆地看世界、争发展。君不见，来衢创业的新衢州人越来越多，外地商会也越来越多。安徽，福建，河南，江西，浙江的杭州、温州、宁波、金华……都在衢州建立了商会。衢州人在外，也建有许多商会组织。

21

衢州人嗜辣，被称为“浙江的四川人”，其实衢州人并不赞同这种说法。但衢州人的性情倒像天府之国的人，随遇而安。虽然经济发展在全省处于偏后的位置，但衢州人“不改其乐”，幸福指数一点也不比老大老二低。

还有个有趣的现象，衢州人批评起自己家乡来，批得再重都不在意，但要是外人说三道四，衢州人就不乐意了。衢州人有多热爱自己的家乡啊，热爱到容不得人家说一个“不”字。

22

2012年，有网民发起浙江“班级”排名，衢州在他眼里，只是个“从未任过任何职务，长得中等偏下，性格极度内向，和同学关系一般，不给班里添麻烦，唯一优点是喜欢帮其他同学做家务”的女生。

这可把全体衢州人惹毛了。记得我当时在朋友圈、微信群里，义正词严地怒“怼”大学同学，网民们则舌战“群氓”，风波好久才平息。

2017年，网友为浙江各城排座次。这回，衢州是“组织委员”——热心肠，擅长组织活动，超级爱吃辣，是个带点泼辣和冲劲的萌妹子。这是因为衢州非常有文化底蕴，人杰地灵。旅游业发展迅速，有山有水，地域位置优越而独特，最美的一面就在于它隐藏于山野的小家碧玉般的容颜。

23

金华和衢州，都在金衢盆地。衢江和金华江（婺江），都汇入兰江。两地相差百千米，原来在一起，后分置为两个地级城市。金华更靠近浙江中心有浙味，衢州毗邻江西、福建和安徽，文化多样，婺剧是两地人共同的爱好。两地史上战事颇多，自古有“铜金华”“铁衢州”之称谓。性格上，两地人都是安逸与豪气并存，可以互称“老乡”“兄弟”。我特别喜欢金华同行楼华坚的一首诗《今天，我们的相聚，要从两个生僻字说起》：今天，我们的相聚/要从两个生僻字说起/一个字是“婺”/婺州、婺水/金华和她母亲河的曾用名/另一个字是“瀔”/瀔水，是衢江的古名/婺水、瀫水会合于兰溪/中洲滩的古牌坊上/“瀫纹漾月”四个字/漾开了千年的回忆/从金华到衢州/千古风流，多少传奇……

“铜金华”“铁衢州”

24

衢州人的性格特征，能用一句话概括吗？当然能。2004 年秋，金庸先生应邀回访母校衢州一中时，为《衢州日报》读者题词：“温雅豪迈衢州人。”“温雅豪迈”四个字，正面概括了衢州人的特性。

25

南孔落户衢州，为衢州打上了几多烙印，从此衢州文风盛起。虽然经济发展不尽如人意，但在城市底蕴方面，衢州人常常很自豪。虽没出过扬名立万的大文豪，但随便在街上逛逛，你都会发现它的气质非同寻常。往简单说，就连店名都起得很有意思，洗脚屋叫“天涯海脚”，土鸡蛋叫“大咯大”，餐厅叫“山顶洞有人”，麻饼叫“邵永丰”，还有好吃的卤味叫“不老神”——充满俚俗之味，倒也别有情趣。

充满俚俗之味的店名

26

首届衢州人发展大会一召开，我才发现原来有近百万三衢儿女走向四方，成为创业创新的佼佼者。乡贤回报家乡，家乡欢迎乡贤。作为首届衢州人发展大会宣传报道专班的班长，那几天，我和50多个小伙伴全力以赴扑上去，2天就创下数条“10万+”，受到通报表彰。从业30余年，我和同事们走出去、请进来，采访了无数优秀的衢州人。我有一大摞剪报本，收藏了我对他们的专访。我们衢报传媒集团还曾出版《三衢名人堂》一书。

27

2019年4月，衢州与意大利卡西诺市签约友好交流城市，衢州市的朋友圈扩容到14位国际朋友。除卡西诺市外，还有美国明尼苏达州雷德温市、日本栃木县佐野市、阿塞拜疆苏姆盖依特市、格鲁吉亚库塔伊西市、亚美尼亚万纳佐尔市、意大利卡坦扎罗省、南非茵佛里尼市、西班牙穆尔西亚市、意大利卡坦扎罗省拉梅齐亚泰尔梅市、法国上萨瓦尔省圣日尔韦市、加拿大和邦吉尼市、罗马尼亚胡内多拉市、法国布莱德市。

28

从国际花园城市到跨境电子商务综合试验区，再到“一带一路”（中国·衢州）国际经贸合作活动，衢州日显国际范儿。“我看到潘基文了！这是我这辈子见到的最大的官！”2018年11月1日，衢州请来了联合国第八任秘书长、博鳌亚洲论坛理事长——“球长”潘基文参加针灸康养大会。他在衢20小时，祭拜“针圣”杨继洲，聆听针灸产业论坛，逛中医康养博览会；把了脉，扎了针，行了3次作揖礼，还写下一幅汉字书法作品。

29

全市有近3万华侨华人分布在全球100多个国家和地区。衢州不是侨乡，但欧洲衢州同乡会会长宋福军在罗马欢迎习近平，上了央视《新闻联播》。尽管在异国他乡生活多年，但他那一口辨识度极高的江山腔依然没改变。

30

一不留神成“网红”，说的是衢州人的骄傲——改革先锋谢高华，电视剧《鸡毛飞上天》中“谢书记”的原型。当年他担任义乌县委书记，缔造了全球最大的义乌国际小商品城。这位义乌百姓心中的“谢天谢地谢高华”，从长工成长起来的领导干部，身量瘦小，烟不离手，但“形憔悴兮神飞扬”。2018改革开放纪念年，谢老入选全国100名改革开放杰出贡献人物。当我看到他与全球最大电子商务平台的缔造者马云紧紧握手时，禁不住浮想联翩。

31

水亭门历史文化街区几乎成为衢州人从众的代名词。江南儒城·水亭门是衢州古城的核心景区。2019年春节期间，一场水亭门灯光秀吸引了逾60万游客蜂拥而至，这个网红文创街区从此成为央视《新闻联播》的“常客”，成了全国现象级网红产品。

32

和别处一样，衢州也有N个三江口，其中最具发展潜力的一个三江口，当数常山港、江山港与衢江交汇处，由此构成的是信安湖、严家圩活力岛形成的未来城市的核心圈层。

33

衢州人立志要把信安湖打造成衢州的"西湖"。10多年前，因塔底水利枢纽建成蓄水，滔滔衢江在城区段形成了一个人工湖。因衢州古称信安郡，水利部门便将她命名为信安湖。信安湖引水渠的一泓碧水如玉带般绕城而过，占尽半城春色，流经厚重沧桑的千年古城。

市政协老领导祝瑜英在江上画舫试航之际，引经据典，饶有兴趣地奉上自撰的信安湖十景——苏姥潭石、天后观戏、华丰望远、文昌晓月、营街听风、殷墙咄咄、红袖舟影、鹿鸣暗香、崔圃风雅、水亭送别，可谓处处有故事和传奇。

信安湖西岸，有一座垂直喷高218米的喷泉，72层楼高，堪称亚洲第一高无霸！

信安湖喷泉，亚洲第一高无霸

34

礼贤桥——衢江上第一座人行景观桥，颜值高极啦！这是我见过的最美最文艺的桥。一顷碧波的信安湖之上，飞架起一座人行景观桥，令人沉浸在“水城畅想三江汇，总把信安比西湖”的美妙意境中。刚开通那段时间，景观桥成了衢州市民口中的热词和打卡地。

35

衢州用一座网红公园——鹿鸣公园惊艳世界。作为世界上规模最大、声望最高的建筑界颁奖盛典，世界建筑节公布了2016年获奖名单，鹿鸣公园榜上有名。俞孔坚教授带领的土人设计团队设计了这座滨水公园。现代都市内难得一见的“白鹭与烟霞齐飞，秋水共长天一色”的自然美景，在此能时时尽收眼底。衢州的城市吉祥物——萌萌哒的快乐小鹿，创意就来自公园所处的鹿鸣山。

36

网红草原——10万平方米的智慧新城草坪公园（市民都称它为西区大草原），气势竟丝毫不输内蒙古大草原。市民评价，将文化艺术中心原址改为华东地区面积最大的草地公园，是市政府近些年所做的最得民心的实事之一。在波光粼粼的信安湖畔，四季都有一大片绿茵茵的草地。人们在这里休憩，还有“好听衢州”系列音乐会可听，多么畅快。不少新人喜欢来这里拍婚纱照，美丽又浪漫。还有人提议：这个大草原能不能划出部分区域，让市民举办草坪婚礼？能不能再扩容，喊出“衢州有中国第一城市大草原”的宣言？一个春日的午后，我带宁波同行来到大草原，一行十人久久无言，半晌才说：真想调到衢州，只为这片草原。

37

网红树——智慧新城草坪公园中央的一棵桑树，被衢州电影人叶锋称为“现代衢州游子心中的天王塔”。这是一棵幸运树、幸福树、生态树，犹如坐标，“树下见”成为不少市民的“接头暗号”。一个梅雨天，24分钟里有一个西湖的雨量砸向衢州，大草原变成了“大溪地”。洪水过境，多地被淹，但桑树依然挺拔，成了“树坚强”。

网红大草原和“树坚强”

38

我们的祖上也阔过，只是衢州人低调不炫耀。

要问衢州人穿越到哪个朝代最幸福，那一定是宋代。衢州曾是两浙地区的富庶之地，尤其是在北宋达到顶峰。宋神宗熙宁十年(1077)，衢州商税在两浙路十四州中名列第二，仅次于杭州，高于当时的富庶之地湖州，在全国也排在第十二位。那时候，如果要参评全国“百强”之类，对衢州来讲，还不是手到擒来的事？

39

传承宋韵文化，打造文化高地。当前，浙江正紧锣密鼓地实施“宋韵文化传世工程”。就衢州而言,这文化,那文化,宋韵文化排第一。甚至有本地专家学者说:衢州唯一可以做大的就是宋韵文化。两宋时期,伴随着全国经济重心的南移,衢州的政治、经济、文化空前繁荣。随着圣裔南迁,儒学南渐,理学发展,衢州成为南方的儒学圣地,孔子文化更作为衢州“两子”文化中的一根支柱登上历史舞台。

衢州青年作家余威顺势创作长篇历史小说宋韵三部曲,第一部《临安变》已由重庆出版社出版,第二部《巴蜀变》(暂定名)完成初稿,第三部《运河变》(暂定名)完成构思,预计将在两年内出版。

40

我听说过一件很豪横的事情。民国时期,“衢州三大才子”之一的程礼门,也即血洒黎明的衢州六烈士之一江文焕的岳父,是毕业于北大的五四健将,还是一位收藏鉴赏家。他家底雄厚,又颇有文人气性,看到府山周家宅院内有一株宋代梅树,几次登门重金求购。后来,宅院主人意欲出售这幢老宅,心仪甚久的程礼门为赏梅而买房,一掷千金而获之。

41

全省最爱海外购物的是衢州人,衢州的海淘金额曾创全省第一。2016 年,中国人均在线海外购物消费 655 元。衢州人以 5357 元的人均消费金额排名浙江第一,让人“大吃一鲸”!

42

衢州与阿里牵手5年来，产生了不可估量的“化学反应”。成立全国首个阿里巴巴“村播学院”，农民当主播，手机变农具，直播成农活，数据为农资，“村播计划”助力乡村振兴。这，仅仅是衢州与阿里巴巴集团深度合作、共建共赢的一个缩影。这场“美丽+智慧”的完美联姻，始于2017年5月。衢州与阿里巴巴先后签订了三轮战略合作协议备忘录，布局18大领域59个项目，欲合力打造浙江省首个与阿里巴巴深度合作示范市，争创全国与阿里巴巴全方位合作样板市。

盒马落户衢州！2020年8月，阿里巴巴和衢州市政府达成了一项重要合作，在此建设国内最大的盒马村，把衢州打造成华东地区的数字化菜篮子。1.1万亩的数字农业示范区，以后将源源不断地为“盒区房”供应新鲜、好吃、安全的蔬菜。没几天，作为盒马在衢州最早的供应商，衢州“山顶农业”老板严志刚接到了有史以来最大的一笔订单——每天向盒马供应60吨衢州产的蔬菜瓜果，骑上了一匹“快马”。

43

“风水轮流转”的老话，在衢州也能体现出来。为把一江清水送下游，衢州人付出了代价，经济发展与省内兄弟地市没有可比性。但青山绿水的衢州是一个天然的聚宝盆、一股不竭的不老泉。什么生活质量、幸福指数，九九归一就看你家的生态环境。一位主政过衢州的高人说过：衢州的生态优势一定会转化为后发优势，衢州人的好日子长着呢！我深以为然也，衢州的一碗生态饭，越吃越新鲜，越吃越有味儿了。

44

“千万别说衢州存在感低！我是外地人，三次到过衢州！这座城市，我简直太喜欢了，甚至说是爱上了！要长期居住尤其是养老，衢州最合适。这里有大城市的繁华，却没有大城市的喧闹。马路上车来车往，却少闻喇叭声。汽车礼让行人，行人遵守信号，一派安静祥和。沿江的桂花树盛开着，连空气都是香的……”这话不是我说的，是一位外地网友说的。

45

仅2018年，衢州就上央视《新闻联播》27次，试问全中国哪个地级市有这样密集的外宣频率？曾经在浙江少有存在感的衢州，如今进入了高光时刻。全国文明城市，国际花园城市，全国最优营商环境，城市品牌响彻全国、走向世界……很多衢州人从不敢想的事，正在一件件精彩上演。衢州人越来越自信，越来越有为。

2021年度，衢州从如林强手中突出重围，取得全国文明城市年度测评第一名的佳绩！

46

衢州连续多年跻身中国最安全城市 30 强，实现全省平安建设十三连冠。在清华大学发布的幸福城市排行榜中，衢州列全国第四位。在中国社科院城市宜居竞争力排行榜中，衢州列全国第十九位。当“逃离北上广”的声音越来越响亮时，衢州从默默无闻的四五线城市迅速跃居至三线，而且成了休闲旅游、投资创业和生活宜居的一线。

衢州的生活舒适度之高，在长三角地区绝无仅有，是一座名副其实的宜居城市。作家汪浙成在衢州发出这样的感叹：让明媚的阳光晒晒背，让新鲜空气洗洗肺，用大山里的绿色食品养养胃，这里成了华东地区难得的养生福地！

47

要长寿，住衢州！衢州又添金名片！2021 年 2 月，从北京传来喜讯，国际自然医学会经实地调查、考察和评审认证，并根据调查结果，认定衢州市为“世界长寿之都”。继江苏省南通市和广东省梅州市之后，衢州成为我国第三个获评“世界长寿之都”称号的地级市。老家和生活的城市，都是“世界长寿之都”，看来，我一定会长寿的。

48

你有没有觉得，衢州人越活越年轻了？衢州人看起来越来越年轻，走在大街上都快分不清年龄了。遇见三四十岁的女性，你都不好意思叫她阿姨了。这样说，是有权威大数据支持的：2018 年衢州市人均期望寿命为 79.41 岁，与 2017 年相比又增加了 0.04 岁，高于浙江省的 78.8 岁。

49

朋友经常好奇地问："你常年值夜班，怎么气色还这么好，看上去这么年轻呢？"之所以有这样的怀疑，最大的原因是衢州山好水好空气好，让我的确比同龄人显年轻。我不由得暗想：如果不是长期值夜班，我还不成"不老神""白骨精"了？

50

衢州人的婚俗中保留了不少传统的礼仪，婚宴都放在晚上。衢州新人的新房布置土洋结合，他们总喜欢在婚床上放红枣、花生、桂圆、莲子，寓意"早生贵子"。

51

正所谓"江山也要文人捧"。杭州西湖因了苏东坡和白居易而纵横古今，衢州人也越来越重视提升知名度了。衢州人对外宣传自己的家乡，喜欢用四字组合，早年用的是"围棋仙境""四省通衢""东南锁钥"什么的，这事被女作家王寒发现了，她觉得：你们衢州人道行很深啊！

52

在衢州，活跃着“8090 新时代理论宣讲团”。年轻的宣讲员们穿行在田间地头，走进企业车间，来到学校社区，以“带露珠”的宣讲素材和“冒热气”的生动案例，用“接地气”的群众语言，深入基层，深入人心，宣讲理论，宣传衢州。如今，“00”后宣讲员也崭露头角，他们发青春之声，聚共富之力。

53

衢州，称得上是“有礼先行者”。

2018 年 7 月，衢州评选和发布了“南孔圣地·衢州有礼”的城市品牌。这回还是四字组合，浓缩了衢州的特质。与城市品牌标识相关的三大符号为：作揖礼，吉祥物快乐小鹿，南孔爷爷的卡通形象。灵感来源于衢州地图轮廓、孔子行礼图、孔子形象等衢州和南孔文化核心创意元素。“一座最有礼的城市”正向全国乃至全世界展示“衢州印象”。

代表衢州城市品牌的三大符号

2022年2月,浙江省委提出培育"浙江有礼"文明品牌。衢州市人大常委会原主任黄锡南建议,浙江的品牌口号可否为:宋韵钱塘,浙江有礼。

54

衢州城市形象总代言人是黄雅琼。这姑娘颜值高,从浙江队一名不起眼的队员,努力拼搏成为中国"羽坛一姐"。她和郑思维组成"雅思组合",接连夺冠,成绩耀眼。如今,这对组合在混双项目上排名世界第一,要是最终能夺得奥运冠军,赢得大满贯,堪称圆满!

55

衢州是一座有礼的城市,全面推行有礼新风尚"八个一",礼让斑马线,垃圾不落地,排队守秩序,吃饭用公筷公勺……《衢州有礼市民公约》20条是市委书记亲自和有礼专班制定的。对失礼行为的曝光,让外来游客和投资者眼前一亮,更让衢州人幸福感爆棚。尤其是2020年以来,公筷公勺纳入村规民约、走上餐桌,不随地吐痰,文明又健康,衢州成为全国瞩目的防疫模范生。据说这期间,衢州城乡群众医疗费也有了较大降幅。

56

与过去的低调相比,衢州宣传起城市品牌来也是蛮拼的,不断制造着沸点、燃点、兴奋点、引爆点，无孔不入。北京地铁 4 号线，途经京沪津等 100 余个城市的 2 列“有礼号”高铁列车，喷涂城市品牌元素的客机在百余个国内城市和曼谷、金边、符拉迪沃斯托克等国际城市之间的 100 多条航线上飞行，形成了立体式宣传架构。

57

衢州是一座有礼之城，古往今来，处处有体现。

衢州人是多么尊崇孝道啊！南宋杭州人周雄为了病重的母亲，跋山涉水赴婺源祈祷，回程时闻母死讯，悲恸不已，气绝身亡，身躯却直立不倒。衢州人听闻此事，惊异万分，感动万状，就敬奉他为神。明清时期衢州周宣灵王庙(俗称孝子庙)有 10 余座之多，至今仍是崇尚孝道的文化地标。

58

北宋龙游大慈善家祝昌宥，好善乐施，一生捐资筑桥 20 多座，还造了许多浴池，每到旬末向所有人开放。在古今农村，重视沐浴礼仪、倡导全民沐浴、捐赠沐浴器具，让平民百姓每十天沐浴一次的，祝昌宥应该是第一人了。

59

“十八十八，女儿回家。”柯城区余家山头村有个传承了 600 多年的女儿节。每年正月十八，出嫁的女儿不论多远都要回娘家。女儿节经过 22 代子孙的传承，已深深融入村民的血液中，被列入省级非物质文化遗产。

60

“遵礼法、尊长辈、睦邻里……”在江山市贺村镇湖前村，徐氏家训 16 则传承 700 多年。想象一下，这样一个出了很多名人学士，讲村史、授家训、唱村歌、学书法的村，村里的高考状元能得到奖金，考上大学的学子被邀请到文化礼堂留影，传统文化底蕴是多么深厚啊！我曾经到上海采访中国工程院院士徐元森先生，他就是湖前村人。

61

常山县新昌乡对坞古村，有 70 多座桥梁，还有独特的对坞天灯。点一盏明末清初至今的“天灯”，可驱野兽保平安，便于村民夜间行路。现在有 10 多位村民自发地形成护灯小组，他们轮流负责一周的任务，谁值周谁提供油料并负责点亮。一盏天灯，照亮山村 400 多年。美好的故事还在续写，一对“90 后”小夫妻黑孩和糖糖从杭城辞职，回到黑孩美如世外桃源的老家，开办了省白金宿级民宿、全国甲级旅游民宿“村上酒舍”，以古法酿出的美酒款待四方宾朋，守护这座快被遗忘的古村。

62

我的母校衢州二中极具儒家文化特色，二中人无处不“孔”、无“孔”不入，儒学元素俯拾皆是。而每年一度的校园成人礼上，“青春须早为，岂能长少年”这句承载了儒家积极进取精神的谆谆教诲，不知激励了多少二中学子的成长。

63

衢州是一座最美+大爱之城。衢州市的百万人口器官捐献比例在全省排名第一，已有110多位器官捐献者捐献的近340份“生命的礼物”挽救了近340个患者的生命，让150多个患者重见光明。衢籍中国工程院院士郑树森作序，衢报传媒集团记者陈明明历时3年采写完成的报告文学《当我离开 让爱留下——器官捐献者家庭的心路抉择》已由红旗出版社出版。

64

没有什么能比南孔文化更代表衢州的文化底蕴，没有什么能比有礼更为传神地体现深受800多年儒风吹拂的仁爱之城。“南孔圣地·衢州有礼”，体现了传承与创新、开放与自信，是衢州最深刻的记忆、最闪亮的名片、最耀眼的文化符号、最鲜明的城市标识。

衢州各地也积极响应，广泛征集，精心提炼，衢州有礼·运动柯城、衢州有礼・康养衢江、衢州有礼・龙游天下、衢州有礼・锦绣江山、衢州有礼・慢城常山、衢州有礼・根缘开化等县域品牌应运而生,系统化、多层次品牌体系的形成,体现了衢州人对历史、自然、社会和未来的深情有礼。

65

都说衢州人好幸福,身边是 15 分钟幸福生活圈。出门 500 米定会遇见一座公园,行走 15 分钟就有一个健身圈。每个衢州人拥有 13 平方米的公园绿地,全市有 100 多个口袋公园和健身驿站。我每天沿着健身步道和骑行道,步行往返于单位和小区之间。走着走着,必定会直接走进健身驿站,逛进袖珍而美丽的口袋公园,我还认识了许多花草。

66

那天,我经过隔壁邻居市档案局,猛然发现他们大楼周围封闭式的铁丝网绿篱不知啥时已被拆除了,眼前是郁郁葱葱的草坪、吐露芬芳的春花,原本关在围墙里的单位变身为市民驻足游览的“口袋公园”。

衢州市政府近年来力推的“拆墙透绿”,极大地扭转了机关部门过去给人的保守、刻板的印象。拆了围墙,卸下“心墙”,让人看见了衢州的开放包容,看见了政府与百姓的亲近。“拆墙透绿”,拆出了一座大气、大美、大胆、大家的衢州,足以给衢州的营商环境加分。

有人说,衢州是一座很有心的城市。

见面时的作揖，很用心；“拆墙透绿”的院子，很暖心；斑马线前的礼让，很安心；饭桌上的公筷公勺，很放心；马路边的烟头收集器，很细心……

67

衢州诗人赖子以“一千万吨鸟鸣”来描绘衢州生态之美，这是我听到过的最形象生动的诗句。衢州人喝的水，呼吸的空气，听到的声音……统统很环保、很生态。我常想，衢州不制造罐装氧气，也鲜有企业生产矿泉水，是不是有点暴殄天物？这是“无视”和“浪费”资源啊！一个不注意，是不是错过了N亿财富？

前不久我才听说，十年来走遍中国、怀揣水之梦的河北小伙张洪铭，被开化的好山好水吸引，2019年在南华山麓投资3600万元建设了南华山泉有限公司，企业于2021年投产。

海拔1000多米的南华山泉，给世界一瓶好水！

这，可是我听到的最豪迈的口号。

68

1999年11月，第八届全国人民代表大会常务委员会委员长乔石为钱江源题词。从那以后，“钱江源”这三个大字就刻在源头的一块巨石上，但为何“钱”字上多了一点？他特意在“钱”字上加了一点，是希望源头之水源远流长，还是祝愿源头的百姓和探源的游客，口袋里钱多一点、生活富裕一点？无独有偶，著名书法家朱关田先生所题“莲花塘”，“塘”亦多了一点。寓意深长啊！

钱江源，“钱”字多一点

69

衢州之好，在于水好，这是个连矿泉水都没啥大市场的地方。从古时的江南水城到现在的生态衢州，水是这座千年古城的灵魂。“一江清水送下游”，衢州人负责任，更讲政治，衢州是全省第一批消灭劣五类水的地市之一，出境水及境内 13 个省控断面全部达到二类水标准。衢州是“浙江绿源”，七夺“大禹鼎”，三夺“大禹鼎”银鼎，交出“五水共治”的优秀答卷。

2021 年 5 月 18 日，衢州喜获 2020 年度浙江省“五水共治”（河长制)工作"大禹鼎"金鼎。沉甸甸的金鼎,是对全市人民励精图治、七年治水的最高奖赏,也是载入衢州治水史册的大事。

除了部长、省长、市长、局长,咱衢州还有河长、林长。江河清,林草兴。河长制和林长制,让衢州的水更清,山更绿了!

70

衢州人的母亲河——衢江,古称瀫水,字难认,但有来头,"瀫"字常用来指代衢州。以"衢山莽莽,瀫水泱泱"来形容衢州的山水形势,好有文采和气质。衢江横亘在金衢盆地,大小支流像一片羽毛,以甜蜜的乳汁滋养着三衢大地上的240多万衢州人民和下游的无数百姓。衢州人亲水、爱水、治水、护水、节水,认真地对待每一滴水。

71

美不过衢州的景,绿不过衢州的山,甜不过衢州的水。衢州的水真是清甜可口。犹记得20年前,在天脊龙门,音乐家吕远先生不假思索地倒掉瓶中的矿泉水,俯身去接清凉晶莹的山泉,"我从未喝过这么好的水啊!"开化一游子70多年未回乡,亲友送了许多礼物,他都不要,只要一桶家乡水。

72

我经常在朋友圈晒"衢州绿""衢州蓝",朋友们每每艳羡不已。衢州人邀请外地朋友时最喜欢说的话是:来我们这个天然大氧吧洗肺吧!衢州空气质量之好,在全国169个重点城市中排名前十,在全省排名第二,优良等级空气的天数几乎覆盖全年。2020年,衢州市空气质量首次优于国家二级标准。开化还举办过首届中国天然氧吧论坛呢!

前些年,作家汪浙成来衢时说:让我这个近来饱受灰霾困扰的杭州人,一路上做深呼吸状在吐故纳新,“这里吸上一口气,能顶别处十口!”光明日报社好友彭程来衢采风,告别之际,他默默地伫立于江边,只想多呼吸几口清新纯净的空气。他向来沉静平和,这“贪婪”的样子够我长久记忆了。

73

现在流行森林生态旅游。远可望,近可游,居可养,衢州的高等级森林旅游景区数量位居全省前列,也是拥有国家级森林公园最多的地级市。仔细一算,衢州有钱江源、紫微山、仙霞、三衢、浙江大竹海等多个国家级以及省级森林公园,还有乌溪江国家湿地公园和绿葱湖、钱江源等2个省级湿地公园,古田山国家级自然保护区,以及多个森林生态休闲观光园区、休闲山庄、林业观光园区。

74

浙江有15个省级自然保护区,4个在衢州,其拥有量超过了全省的1/4! 它们是:1997年1月被确立为中国第一枚“金钉子”的常山金钉子省级自然保护区,2011年被确立为中国第十枚“金钉子”的江山金钉子地质遗迹省级自然保护区，衢江千里岗省级自然保护区，江山仙霞岭省级自然保护区。

75

知名旅游规划专家、海归博士周永广先生这样描述：衢州这个城市，机场在城中，城在水中，水在山中，人在画中，诗在景中；水在城中，城在绿中，家在林中，人在花中……虽然听起来有点绕，但形象地概括了衢州这座山水田园城市的特色。

76

看全省地形，“吴越地卑，而此方高厚”，对衢州人来说，还有什么比这评价更让人自豪的呢？衢州盘结于全省之高地，握东南锁钥，捍浙西大门，进则可直趋闽赣湘粤，退则足可保两浙安宁。两山夹峙，虎踞龙盘，使得衢州历来为兵家必争的疆场，也成了和平年代的通都大邑。

77

咱衢州人也是有靠山的。为啥？绵延不断的青山就是上天的馈赠。你可能未曾去过黄山匡庐峨眉岱宗，也无缘登上天山昆仑祁连山，但放眼环顾一下衢州的青山绿水，也会顿生万丈豪情。衢州海拔千米以上的山峰有 265 座，山地丘陵占总面积的 85％强。境内的仙霞岭山势陡峭，主峰大龙岗为浙西第一高峰。

我印象中，那些山里人进城，习惯于脚步抬得高高的，一定是山路走惯了，高山爬多了。

78

我的两位同事陈定謇、鄢卫建经过深入研究，发现一件趣事。因青山环绕，开门见山，衢州地名也多拜山而赐。浙江市县中，以山命名的有 6 处：2 座浸在东海里（舟山、岱山），2 座落在大海边（萧山、象山），其实它们都是小山头而已。而像样的 2 座都雄峙于浙西衢州，即江山和常山。

79

细究起来，衢州除开化之外，各地得名都与山有瓜葛。衢州原称信安，因境内有岩石奇峭的三衢山而改名。衢州为何要以这座并不高的山来冠名？史书上只留下一句话，即“昔有洪水自顶暴出，界兹山为三道，因谓之三衢，州名以此”，要言不烦，却给人留下了广阔的想象空间。

80

“5 亿年前，这里是大海！”三衢山是衢州人的母亲山，被称为“世界上最大的象形石动物园”，拥有国际地质科学联合会确认的中国首枚金钉子。不必望文生义，金钉子跟黄金没有半毛钱关系，而是指地质学中的全球界线层型剖面点。目前，我国的世界地质公园已有 39

个，数量居世界第一。在我看来，常山完全有资格申报并跻身世界地质公园行列。

最有意思的是常山县领导活学活用的精神。在常山广大农村，一个个“金钉子”党组织正如雨后春笋般涌现，成为响当当的金名片。他们的口号是：以“钉钉子”精神，争创“金钉子”党组织，努力让越来越多基层党组织成为闪闪发光、深深扎根、久久为功、永不褪色的“金钉子”。

81

衢州山多，石头也多。衢州不仅大石崔嵬，像江郎山、浮盖山，小的也足以名世，如浮石、团石、破石，其他如常山花石、青石，江山、常山交界地带的砚石，以及自古便享有盛誉的黄蜡石，等等，今日更见光大。

同事陈定謇老师曾写一上联——衢州名胜三爿石，石窟、石林、石柱，可这么久了，下联怎么也对不上来。

我趁机在此征集下联，并且许你免费游衢州。

2022年元旦，浙江大学教授余荩试对出两个下联：

仙界烂柯一局棋，棋盘，棋子，棋人。

造化清流一带江，江源，江天，江山。

甚好，甚好啊！我负责陪同余荩先生悠游衢州。

82

衢江区，古称西安，衢州废府时改为衢县，之后再改衢江。柯城区，顾名思义，即烂柯山所在之城。龙游，原名龙丘，因龙丘山而得名（龙丘山后划归现属金华的汤溪）。江山，因江郎山而改名。而常山，当初得名之山现已改称“湖山”，在常山、江山、柯城交界处，恐怕还不及“常山赵子龙”的名头响亮。

83

江山之名最牛气，看江山、打江山、指点江山，都跟它有关。在全国 2800 多个县市区中，取名最大气磅礴、最意味深长的就数“江山”。浙江籍 12 位奥运冠军中有 7 人到过江山，江山市体育局就把孙杨、詹旭刚等人的签名收集到位，当然也少不了曾来飞越江郎山的“翼装侠”杰布·克里斯。江山同行就以《奥运冠军这样指点江山》为题报道新闻，谁能说，这不是最牛标题？

84

山中方一日，世上已千年，流传千载的王质遇仙的故事就发生在海拔仅 164 米的烂柯山，这里是丹霞地貌中最大的天生石梁，也是世界围棋朝圣地。

衢州人最大的靠山是烂柯山，它也是历代文人棋手的打卡地。郁达夫早在1933年就写下了《浙东景物纪略·烂柯纪梦》:"但衢州的烂柯山……是大家所公认的这烂柯故事的发源本土……烂柯山的这一根石梁,实在是伟大,实在是奇怪。"

85

衢城的制高点在何处?在府山。府山是衢州文明的发祥地。先有峥嵘山的屯兵历史,再有府山的县郡州府治的历史遗存。因陡崖险峻,易守难攻,驻军历史长达2200多年。20世纪90年代初,府山之巅仍是驻衢空军雷达营驻地。几年后,我先生担任市园林管理处主任,办公地点也在山顶,我经常在节假日带年幼的儿子去那儿,感受身处全城制高点的豪气。

86

最早在府山上建造官府衙门的人大有来头,他是唐太宗李世民的曾孙李祎。他两度担任衢州刺史,在峥嵘山顶建起一座富丽堂皇的郡王府。唐代诗人孟郊的《峥嵘岭》写了当时的繁荣盛景。

从李祎开始,历代官员都在府山上大兴土木,如唐朝的双云楼、宋朝的桃花台和班春亭、明朝的乐丰亭、清朝的雪竹轩等等。清乾隆时最甚,房屋一建就是140余间,可惜已尽毁于战乱。从中山公园到府山公园,再到2008年的国家重点公园——孔子文化主题公园,如今的府山拥有别样的美景。

87

名闻遐迩的百年名校衢州一中也诞生在府山之上。从唐初到20世纪50年代，府山一直是衢州的教育中心，州学、府学都建于此。当年孔氏南渡，衍圣公因无庙堂祭祖，宋高宗便下令把州学与孔氏家庙合二为一。到1902年，知府为适应新潮创办了衢郡中学堂，这就是今天衢州一中的前身。

88

若想带孩子认识大自然，“安利”你们去紫微山国家森林公园，这是浙西地区最大的动植物资源库之一，有全国面积最大的原始白豆杉丛林，罕见的奇峰峡谷，诸多的飞瀑流泉。许是因为它被保护得太好，以至于依旧藏在深山人未识，保存着自然原始的风貌。植被覆盖率达95%以上，“浙西绿肺”“天然氧吧”名不虚传。

89

浙西隐藏了一个“大兴安岭”！天脊龙门·森林飞瀑中丛林穿越，传说中的龙给这里蒙上了神秘的色彩，特别是华东第一栈道“飞龙在天”，像龙一样蜿蜒盘旋起伏在崇山峻岭之中，虽无华山栈道之险峻，但也足够令恐高者瑟瑟发抖。你，准备好了吗？

90

“山不在高，有仙则名。”衢州药王山因传说而出名。衢州丰富的医药文化，可以从药王山说起。相传神农氏炎帝在神谷炼过丹，孙思邈在此给百姓治过病，华佗到此地为山民把过脉。而衢州历代名医如元代刘光大、明代杨继洲等都曾在此采过草药。

我最难忘的是药王山的一座座桥。药王山逢水必有桥，十桥飞架，回生桥、不老桥、济时桥、千金桥、五行桥、四君子桥、救虎桥……每座桥的背后，都流传着一个与药相关的典故。济时桥是为了纪念衢籍名医杨继洲（字济时），千金桥是为了纪念孙思邈著《千金方》，四君子桥取自孙思邈著作《四君子汤》，救虎桥是传说中孙思邈行医救虎之处。

91

东汉建安年间，佛教文化已传入衢州。衢州有一座千年古刹明果禅寺。寺前排列着10棵硕大的唐朝古柏，有武则天亲书的“明果禅寺”匾额，还供奉着唐代高僧大彻禅师漆布真身。著名诗人白居易曾与大彻禅师过从甚密。

92

衢州现存最大一处道教建筑群在东岳山。此处也是兵家必争之地，传说黄巢起义军在此休整，朱元璋兵败后在此韬光养晦，它还经历了战争和“文革”的涤荡，尽管早已不复“车如流水马如龙”的盛况，但重建后的东岳禅寺再现了中国佛刹特有的古朴和庄严。

93

衢州的节理石柱更多、更牛、更大！衢州湖南镇惊现5000万根1.37亿年前的节理石柱，面积约30平方千米，可与英国“巨人堤”、美国“魔鬼塔”媲美。专家们对这个重大发现惊叹不已：数量之多、规模之大、保存之完好，全球罕见。

94

龙游石窟是我国古代最高水平的地下人工建筑群之一。自1992年被当地村民发现后，30年过去了，谜还是谜：何人开凿？何时开凿？凿成何用？石去何方？答案纷纭：外星人的作品，帝王造的地下宫殿，古代的仓储场，兵器库，藏兵洞，地下宗教祭祀场所，采石场……可谓“入窟尽是探奇者，出窟全变猜谜人”。

龙游石窟这个重大发现曾惊动了国内外百余专家，媒体记者蜂拥而至，还引来一大批名人。谢晋导演题词：“龙游石窟是我们祖先惊人的毅力和智慧的展现。”金庸大侠题词：“龙游石窟天下奇，千猜万猜总是谜。”莫言认同“爱情说”，“所有伟大的工程，都源于爱情”。张抗抗称之为中国的“地下古神庙”，铁竹伟说它是“外星人的飞船发射基地”。著名作家陈忠实、叶辛等也曾来游览过。

我和许多衢州人情愿相信，这是越王勾践为实现屯兵复国的梦想而留下的千古谜案。而文旅部门的人掩嘴笑了：谜，难解之谜，我们要的就是这个效果。搞旅游，不就是要善于“敢为人先”“借鸡生蛋”“无中生有”吗？我们要做的是讲好“世界第九大奇迹”的故事，吸引更多人来解谜。谁若有兴趣去穿越去探秘，没准能把地下古神庙的故事接着讲下去呢。

95

鸡鸣山，山不高，却有灵气和古韵。20 世纪 90 年代初以来，龙游尝试整体古建筑的异地无损搬迁，65 座明清建筑相继动迁，龙游商帮曾经的辉煌凝固为优美绝伦的建筑群，形成龙游民居苑。一砖一瓦，传递着龙商精神；一梁一柱，演绎着财富传奇。你若漫步山间，真有一种回到中世纪的感觉。连谢晋导演都动心了，他把鸡鸣山、民居苑作为拍摄基地，执导了“三言二拍”中的《蒋兴哥重会珍珠衫》。

96

龙游有个绿葱湖，又名六春湖、绿春湖。名字叫湖，却不是湖，它是龙游最高峰，国家一级生态保护区，植被覆盖率在 95%以上，是江南罕见的大湿地。每年四五月，万亩高山杜鹃竞相怒放，给整座山岗披上了大红锦缎，引得游客纷纷打卡。全长 3 千米、投资 1.39 亿元的索道启用后，登顶只需 8 分钟，其长度、高差都创下了浙江之最，成为“浙江第一索”。在这江南的山巅，游人们还能一圆滑雪之梦，探见玉树琼枝的冰雪世界。

97

衢州至今仍留存着140多条古道遗址，多数建于唐宋明清时期，古道上曾留下黄巢、陆游、徐霞客等无数历史名人的足迹，具有军事、建筑、商贸、文化、旅游等价值。2022年3月，《浙江省古道保护办法》正式施行。随着旅游业特别是户外运动的兴起，古道越来越受关注，驴友和观光客背起行囊走古道已成一道风景。

仙霞古道上的道道雄关，东坪古道上的排排古树，绿葱湖—桃源尖古道上的朵朵杜鹃，毛连里古道上的片片竹海，与沿途的古树、古村落、青山绿水，构成一幅幅绝美的山水画卷。

98

浙闽赣三省交界处，有一条贯通南北的仙霞古道。正如郁达夫在《仙霞纪险》中所描述的："转一个弯，变一番景色；上一条岭，辟一个天地。"仙霞古道不是海，却挤进海上"丝绸之路"。仙霞关素有"两浙之锁钥，入闽之咽喉"之称，是中国五大雄关之一。仙霞古道有四关，我们一般只能走到第一关。我曾经沿着江山市作协原主席蔡恭先生的指引，从清湖开始穿越仙霞古道，用汗水和脚力采写了作品《穿越仙霞古道》，获得全国大奖。

99

衢州有条“中国最高贵的古道”——东坪古道，不为贸易，只为唐代皇室人员专用。相传，唐朝皇族为防武后残害，被迫转迁此地，修建了这条通往高山、隐于山林的古道。村民至今还在山顶生活，家家种柿树，还注册了“李柿民”商标。神秘寂寞的古道、古村，加上多家颇有特色的民宿，东坪如今已成为热门景点、摄影胜地。

100

衢州古道众多，石桥也不少，屹立百年，精致不输赵州桥。如果说中国是“桥的国度”，那衢州就是当之无愧的“桥乡”。衢州自古路网发达，河流密布，商贾云集，车水马龙，怎么缺得了坚固、宽阔、精美的桥呢？衢州有个爱摄影的“常征走哥”，他带着一帮拍客去拍了那些明清留下的石拱桥、石条桥、廊桥等经典桥梁，集成一波美图，简直是要美翻人的节奏！

101

江郎山俗称“三爿石”，是中国丹霞第一奇峰，大自然的鬼斧神工之作。它在大地之上拔地而起三座巨峰，构成绝迹“一线天”，两壁最狭窄处只有3.5米。幽深的一线天、大段垂直的陡阶，其艰险绝不输于华山。你敢不敢勇敢登顶，真正地做一回神仙？

江郎山

102

江郎三爿石，浮盖三生石，浮盖一山跨浙闽两省。徐霞客饱览天下美景奇景，寻常风光难入法眼，偏对深藏于浙西一隅的浮盖山情有独钟，流连四日不肯离去。“三生”即前生、今生和来生，据说摸一摸三生石便会心想事成。

103

浙江境内称得上“航标第一山”的，当数位于江山市清湖镇清溪之畔的航山了，人称“万古航标第一山”。清湖古镇是闽浙赣三省闻名的古码头所在地，航山就是人类自有航运以来到站码头的标识。徐霞客三经航山而过，曾留有只言片语的记载，“航山戴帽，大雨必到”，航山是方圆数里的晴雨表。

104

国家级森林公园黄冈山，因有浙江省海拔最高的寺庙、杭州灵隐寺的祖宗寺——万寿寺而名扬四方。文化研究者余风、毕建国查阅了大量史料，认为杭州灵隐寺的开山祖师为西印度僧人慧理，五代时重兴开拓，其宋朝时第一代住持、永明延寿的大师祖桂琛禅师出自万寿寺。听说常山人要把黄冈山打造成生态旅游的引爆点，那么，高僧辈出的千年古刹万寿寺当然是黄冈山的引爆点。

105

炎夏，在多地荣登“火炉”新科之际，江山峡口人却享受着惬意清凉，这里常年刮着世界罕见的神风——峡里风。这种大自然造就的“穿堂风”，因两爿青山对立、一湾碧波居中而生成。每当日落西山，阵阵峡里风从山地吹向山谷，天越晴，风越大，有风即晴，无风则雨，常年如是。好想去避暑胜地体验神奇的峡里风啊！

106

古田山是植物资源的一大宝库，被列为全国自然植物保护区。炎炎夏日，这里更是清凉避暑胜地。据说明太祖朱元璋曾在这里安寨屯兵，指点江山；方志敏也曾率领红军在这一带活动，为它平添了一份神奇的色彩。

衢州有三怪，古田山也有三怪：蛇不蜇、螺无尾、水有痕。更奇的是，常用此水沐浴，黑肤变白，糙皮变嫩，还可治皮肤病，常饮此水可以祛病养颜葆青春。我发现，这里面似乎有商机哦！

107

钱江源头究竟在哪里，一直存在着南源和北源之说。

最早是《汉书·地理志》说浙水“出丹阳黟县南蛮中”，郦道元的《水经注》也认同了此说。但后来人们发现，钱塘江另一条干流衢江及其上游的流域面积更大，年均径流量也远远超过新安江。1979 年版《辞海》记载，钱塘江“上游常山港源出浙、皖、赣边境的莲花尖”。莲花尖坐落在开化西北白际山，海拔 1054 米，上那里是要费一番脚力的。1997 年，新华社记者报道称：“钱塘江源头出自浙江西部开化境内。”

108

昔有狄更斯名著《双城记》，今有衢州人齐心唱响大小两个“三城记”，即构建形成南孔古城·历史街区、核心圈层·城市阳台、高铁新城·未来社区“小三城”，智慧新城、智造新城、空港新城“大三城”的空间形态。还有“三城”是无形的，即全面建成“无证明办事之城”“掌上办事之城”“信用示范之城”。

109

“2019 国际未来社区建设衢州论坛”举行，专家学者们探讨引入联合国 SUC 可持续社区标准，在衢州试点建设中国首个国际未来社区，为浙江省未来社区试点率先开展探索。

衢州有条礼贤街，30 年前，木材厂、陶瓷厂、棉纺厂、制革厂、冷冻厂等国企集聚区，曾是城市最热闹繁华的一角，后随着企业改制、倒闭，这里一度沦为城市最偏僻的老破街。而今，完成了礼贤片区征迁之后，绿城城投未来社区项目在此落地，一个全新的礼贤即将凤凰涅槃，再现繁华！不远的将来，当历经沧桑的礼贤华丽转身，会给我们带来怎样的惊艳？

而在 2020 年 9 月，衢江区发布了全国首个乡村国际未来社区指标框架。“未来社区的蓝图让我看到了未来远景，做梦也没想到，我们村会变得如此美丽而智慧！”莲花镇铺里自然村村民夏云龙满脸幸福，获得感与日俱增。蜿蜒流淌的芝溪两岸，村庄星罗棋布，山水田园如诗如画，莲花乡村国际未来社区在此美丽绽放。

如今，未来社区和未来乡村建设正在衢州如火如荼地展开。

110

“最强大脑”来了！衢州市较早成立了数字经济专家委员会，其中有中国工程院院士、国家“千人计划”人才、教育部“长江学者”。衢州数字经济发展有了最强大脑、最强智库，一个更加“聪明”的新衢州来了！

111

外地人了解衢州，都是从“三头一掌”——兔头、鸭头、鱼头和鸭掌开始的。如今，衢州已发展到“四头三掌”，那就是再加上“城市大脑”以及掌上办公、掌上办事这“一头两掌”，衢州数字经济迈向“东南高地”。这生动幽默的比喻，让全球嘉宾会心一笑，我是想不出来的，是快人快语的衢州市委徐书记在第五届世界互联网大会大数据技术对接会上说的。

112

衢州是一个人见人爱的“暖男”。为啥？服务态度好，办事效率高呗！衢州小伙伴不出门就能办事，也无须来回跑窗口。衢州在全国最早全力开展“最多跑一次”改革，成为全国先行城市、全省标杆，上过央视及专题片，是“中国十佳营商环境示范城市”，争当全国最佳营商环境领跑者。

113

衢州喜提"绿色奥斯卡"！衢州从全球 30 多个国家的 100 多个城市中脱颖而出，以历史最高分荣膺"国际花园城市"称号，与美国芝加哥、加拿大多伦多、俄罗斯索契等世界名城比肩而立。衢州成为本次竞赛中唯一获得 2 个奖项的城市，也成为浙江省内首个获此殊荣的地级市。衢州人喜出望外，奔走相告，总之，喜大普奔。

114

浙江唯一，"中国最美森林"落户开化。美到让人不想离开的"中国最美森林"遴选结果揭晓，因保存着全球稀有、低海拔原生常绿阔叶林，钱江源常绿阔叶林成为浙江唯一入选的中国最美森林，全国获此殊荣的仅有 17 处。在此发现的新物种"蚁墙蜂"，被评为 2014 年全球十大新发现物种之一。

说起衢州的森林，先得去古田山。它是衢州第一个国家级自然保护区，大自然慷慨赐予 3000 多亩原始森林，其余的原始次生林树龄大多在 270 年以上。

115

在我眼中，衢州最美的地方之一，还有浙江大竹海国家森林公园。

龙游南部山区连绵数十里的竹林，好似绿竹的海洋。龙游人坐着竹椅，吃着笋宴，喝着竹酒，游着竹海，无比惬意。难怪大文豪苏东坡要感叹：“宁可食无肉，不可居无竹。”

116

一觉醒来，衢州融入杭州都市圈，我们都变成“杭州人”啦！

衢州，与杭州共饮一江水。杭州都市圈扩容为杭州、湖州、嘉兴、绍兴、衢州、黄山六市，正式翻开了杭衢一体、合作共进的新篇章。

117

衢州在浙西，钱江上游，金衢盆地西端，南接福建南平，西连江西上饶、景德镇，北邻安徽黄山，东与省内金华、丽水、杭州三市相交，一足踏三省。曾经我到江山市廿八都古镇登临浙闽交界的浮盖山，结果接到福建人民向我问好的短信，也就是爬座山，便轻松出省了。

118

四省通衢，衢通四省，衢通四海！如果说过去衢州地处浙西，交通不便，那么现在的衢州已是民航、铁路、公路、水运齐全。高铁、高速版图不断扩充，浙赣铁路、杭长高铁、衢九铁路横贯全境，衢（州）宁（德）铁路已然通车。杭金衢、杭新景高速公路，黄衢南、龙丽温高速公路，形成“两横两纵”路网框架。衢州人开始走出山谷盆地，融入全国全球。

四省通衢，衢通四海

119

100年前，孙中山曾为衢州规划了2条铁路？写过“既有历史厚度，又有人文温度”的《衢州记忆》的衢州历史文化研究者林伟民，重读中山先生《建国方略》，发现杭衢高铁竟与先生当年擘画的蓝图不谋而合。

120

1929年2月,浙江省决定建设杭江铁路,由“中国铁路的伟大建设者”、铁道专家杜镇远主持修建。1933年12月28日,杭江铁路全线贯通。国人盛赞这是继詹天佑京张铁路之后中国的第二条自建铁路。1937年9月,浙赣铁路建成通车。对于抗战初期抢运兵员和难民以及军需物资,杭江铁路、浙赣铁路贡献巨大。

121

曾经,从杭州到衢州乘坐高铁要绕行诸暨、义乌、金华诸站,少则66分钟,多则90分钟。现在好了,杭衢高速铁路——这条直接连接杭衢的新高铁线路即将诞生。只需41分钟,衢州直达杭州!杭衢高铁火了!从此杭衢变同城,衢州成为长三角“后花园”。杭衢高铁富阳—杭州段借用杭黄铁路。随着杭黄高铁建成通车,串联起了西湖、富春江、千岛湖、黄山,形成了联通名城、名江、名湖、名山的高铁走廊。沿途经过5个5A级景区,杭衢高铁,一条集美食和自然风光于一体的旅游线路。

122

郁达夫可谓中国现代最早的游记作家。现在的什么马蜂窝旅行家、体验型作家、网约导游、旅行定制师,与他相比,简直弱爆了!20

世纪30年代初，京沪杭铁路沿线的“旅游热”催生了一批游记作家。1933年11月，郁达夫应杭江铁路车务主任曾荫千之邀，从杭州出发，一路沿着诸暨、龙游、衢县、江山等地游玩，名篇佳作汇成了《屐痕处处》和《达夫游记》。与衢州相关的作品有《龙游小南海》《烂柯纪梦》《仙霞纪险》数篇。2000多字的《仙霞纪险》，对江郎山、仙霞关、东岳山、仙霞岭、小竿岭、廿八都均有描写。1938年9月，郁达夫因公再次路过江山，江山人朱剑蓉编辑的抗战杂志《号角》还刊登了他专门写的《诗三首》。

123

从当年郁达夫视察杭江铁路，到高铁、高速全覆盖，衢州交通还有一个“双高市”的称呼，这在全国也不多见。作为浙江省首个实现县县通高铁（动车）、高速公路的地级市，衢州市一度刷屏，令全国瞩目。衢州6个县市区的市民，在家门口就可以坐上高铁（动车），奔向全国各地。有浙赣铁路、沪昆高铁、九景衢铁路、衢宁铁路、杭衢高铁以及谋划中的铁路项目，加上周边上饶、黄山、南平的10多条铁路，衢州完全有望成为浙江第二大铁路枢纽和四省边际铁路枢纽。

124

作为浙赣线上的大站，衢州火车站建于1933年，其后经历了4次重大改变。

2006年5月29日，衢州新火车站正式启用。2007年，首列动车组列车来到衢州站,衢州进入动车时代。我还曾带队乘着第一趟崭新的动车,从衢州出发回老家南通采访。2014 年 12 月 10 日,杭长客专开通运营,衢州迎来高铁时代。到 2020 年 7 月 1 日,衢州站共有 192 趟列车过往,其中高铁 118 趟、普通车 74 趟。

125

衢州火车站先后有 2 座,先在市中心,后在市南。撤地建市后,衢州先在南区发展。从 1988 年至 1997 年,衢州在市区和南区之间不到 2 千米的铁路干线下面,建了 3 座下穿式公铁立交桥,走活了城市建设的一盘棋,这也是没谁了!后来,老浙赣铁路南迁,城市规模扩大,3 座立交桥成了影响衢城发展的瓶颈,相继被拆除,终于还城市一个宽阔、通透、绿色的空间。

126

自古以来,人们或坐船摆渡,或行走浮桥,过江多有不便。中华人民共和国成立后,衢江上开始陆续建桥,天堑变通途。如今,横跨衢江之桥甚多,从衢江上游算起,邻近城区的就有双港口大桥、衢江大桥、西安门大桥、书院大桥、浮石二桥……当然,备受瞩目的是人行网红桥——礼贤桥。

127

2019年5月15日，浙江省离海最远的内河港——衢州港，实现了与全球最大港的全面通航！满载500余吨煤炭的"浙上虞货0626"轮船顺利靠上衢州港龙游港区桥头江作业区码头，这是浙西内河港衢州港迎来的首艘来自宁波舟山港的船舶。

128

经过8年建设，被阻断60年的黄金通道被打通，"千年水道"盛景重现，杭州、金华、衢州、钱塘江、富春江、新安江、兰江、衢江等串成一个独具特色的水上生态旅游网。舟行钱江连山海，浙江11个设区市全部通江达海。

129

"一艘游轮到衢州"梦想成真！2020年5月16日，"衢州有礼号"游轮从杭州滨江码头起航驶向衢州，杭衢钱塘江诗路之旅的杭衢游轮专线首航。这是钱塘江诗路文化带和"衢州有礼诗画风光带"的有机组成部分，填补了衢州水上游轮产品空白，是衢江航道继货运开通后首次开通杭衢游轮专线。

作为杭州到衢州唯一的水上观光线，游客们经历四天三晚，一路游弋，途经钱塘江、黄公望隐居地、桐君山、严子陵钓台、七里扬帆、严州府古城、龙游石窟、信安湖、水亭门等十余个著名景区，纵览千里钱江，感受诗画之美。

130

2020 年 8 月 8 日，衢州—舟山首航！说走就走，坐上飞机看大海去，衢州人打个“飞的”就可以去东海边吹海风啦！目前，衢州直航城市增至 24 个：北京、深圳、重庆、海口、济南、昆明、青岛、大连、成都、贵阳、西安、广州、舟山、武汉、珠海、郑州、三亚、南宁、厦门、天津、太原、北海、阿克苏、兴义，创衢州机场开航以来历史新高。

131

乘高铁 41 分钟到杭州，走水路可连长江、通大海，坐飞机可直达国内 10 多个大城市，“四省通衢”的区位优势重现辉煌，不枉大写的“衢”字。衢州的大通道建设不限于水运、陆运，正谋划在衢江区莲花镇建设国内重要的航空物流枢纽——空港新城。别人家是海陆空，我们衢州是水运、公路、铁路、航空“四位一体”的立体交通。通江达海，十全十美！

132

衢州之美，美在自然、山水和人文。在“行歌不知远，落日呼野渡”的三衢大地上，中国乡土最原始的清新风貌赓续千年。透过南孔家庙、廿八都古镇、江郎山、根宫佛国等名胜古迹，人们看山、望水、安放乡愁；九华立春祭、西安高腔、常山喝彩、廿八都木偶戏、婺剧等10多项省级以上“非遗”，演绎出人与自然和谐相处的迷人画卷，令人流连，流连，再流连。

133

“95尊享”神奇之旅、“革命摇篮”红色之旅、“梦里老家”乡愁之旅、“千里钱塘”亲水之旅、“寻根问道”文化之旅，5条主题旅游线路，衢州人打开山门、城门和脑门，走向更大程度的开放开发。从2020年开始，衢州主动牵头发起了浙皖闽赣（衢黄南饶）“联盟花园”合作共建的倡议，吹响了四省跨区域一体协同发展的集结号。浙江、安徽、江西、福建四省边际地区，可谓山相连、水相依、地相近、文同脉、人相亲，是我国东南沿海发达地区重要的生态屏障。衢州、黄山、南平、上饶4个市，地处四省交界处，同为浙皖闽赣国家生态旅游协作区成员市，拥有世界文化和自然双重遗产2处、国家5A级旅游景区9个、4A级旅游景区82个，是全国旅游发展条件最优越的区域之一和省际旅游一体化发展的核心区。沿着95号联盟大道一路向前，4市都处于北纬30°附近，既有名山大川，也有小家碧玉，好看、好玩、好听、好吃的东西很多，放眼全国都是难得一见。

一盘大棋正开局。在全国率先打造“具有文化底蕴的世界级旅游跨区域景区群和度假区群”，“联盟花园”让人充满期待。

134

“衢州智慧文旅数字平台”运行半年，就收集数据信息4890多万条，得出一些有趣的数据：游客最爱在7月游衢州，根宫佛国成为人气最旺景区，26岁至35岁年轻游客是主流，衢州山多故而男性游客更爱游衢州，北京是打“飞的”来衢旅游人数最多的城市，金华和江西人最爱游衢州。

135

“有点任性有点豪！”2017年5月开始，中国最有良心的城市衢州喊出“全球免费游衢州”！有13处核心景区的100多个景点可免费参观，烂柯山、药王山、江郎山、龙游石窟、天脊龙门、廿八都、清漾村、民居苑、仙霞关、浮盖山、三衢石林、根宫佛国、钱江源，其中不乏4A和5A景区。每周一至周五(除法定节假日外)，一年共计246天对全球游客免费开放。你可以说衢州这种做法只是一种营销方式，但力度和诚意，都是杠杠的！

2021年、2022年，浙江省开展第一批、第二批大花园耀眼明珠遴选评审，衢州钱江源、仙霞古道、衢州古城、开化根宫佛国文化旅游区、江郎山、龙游红木小镇先后入选，成为大花园里熠熠生辉的明珠。

136

浙江15个，衢州唯一！江山入选“中国旅游竞争力百强县”，没有一丝意外，因为江山一直做得很好。从2010年8月江郎山成功申报江浙沪首个世界自然遗产，到“中国村歌发祥地”、中国传统村落、省级历史文化名村建设，再到承办各种大型体育赛事、民间博物馆、特色传统文化活动、乡村旅游，江山从一个名不见经传的江南小城，一跃成为全国知名旅游目的地、全域旅游示范样本。

137

“放志远游，争奇逐胜”的明代伟大旅行家徐霞客大量记载了衢州名胜。他曾把江郎山与黄山、雁荡山、鼎湖峰相比较，虽然山山各有其妙，但他对江郎山情有独钟，惊叹道：“江南各山，不若此峰特出众山之上，自为变幻，而各尽其奇也！”徐霞客曾先后3次、共计8天游历江山，并用2600余字详细描述了江郎山、仙霞古道、廿八都、浮盖山等多个景点。

2015年，江山成功入选全国首批7个徐霞客游线标志地节点。

江山人对“闻奇必探、见险必截”的徐霞客颇有情义，专写论文感谢他。他留给衢州的孤独而伟岸的身影，随着时光的推移反而日渐清晰。他岂止是一位旅行家，更是一位在地质学、地理学、生态学上有着诸多独特发现的伟大科学家。

138

如果说江郎山是白居易笔下“安得此身生羽翼，与君来往共烟霞”的雄奇与险峻，那么烂柯山就是孟郊诗中“仙界一月内，人间千岁穷”的传奇与浪漫。如果说龙游石窟千猜万猜总是谜，那么惊险、刺激的天脊龙门索桥，还有饭甑山玻璃栈道、开化龙门客栈、钱江源玻璃天桥，就是勇敢者走向胜利的通道。

139

龙游有一座龙天红木小镇（累计使用红木 8 万多吨），那气派全世界都找不到第二个。走进气势恢宏、生动瑰丽的红木大观园，那些红木长廊和殿堂，让你震撼的不仅是这个亚洲最大红木家具生产基地年产红木家具 200 万套的大数据，更是自己与千年红木的灵魂对视。“年年红”，红万年，梦想照进现实。一座如梦似幻的小镇，一个心怀大梦的企业家，遇上了一片让梦想开花的土壤，造就了一段传奇。

140

看得见山，望得见水，闻得见花香，记得住乡愁。一年四季不同的植物，为三衢大地织出姹紫嫣红的大花毯。花动一城春色时，“踏春赏花”成热词，就连微信朋友圈也变得五彩斑斓起来，花海成为最抢眼的网红。鲜花满山也是金山银山，催生了不容小觑的赏花经济。我的同事们最乐意做的事情就是制作衢州赏花地图。真想和他们一起出发，去看漫山遍野的花花世界！

141

三衢大地之春，乱花渐欲迷人眼：白似雪的梨花，粉若霞的桃花，黄胜金的油菜花，不论景区、乡村，还是绿道、公园，抬头，俯首，满目春光，让人只想做个“花痴”。最先报春的是玉兰花，紧接着是杜鹃花、郁金香、垂丝海棠、紫叶李、紫藤花、紫荆花、樱花、野樱花、橘花、胡柚花，这，只是春天的芳华啊！夏、秋、冬呢？眼花缭乱、目不暇接啊！

142

早些年，到江西婺源看油菜花是旅游时尚。如今，衢州人骄傲地说，何必舍近求远呢？来我们衢州就是了！这里藏着一片片不输婺源的油菜花海。每到春天，金灿灿、明晃晃、黄闪闪的衢州就会惊艳四方。人潮从四面八方涌来，共赴一场花的盛宴。走在乡间小道上或是漫步山间，只见梯田层层，四处是绚烂的金黄和扑鼻的花香。

143

据说中国有三座布达拉宫，我都去过。拉萨的布达拉宫去过两次。应舟山作协的来其主席之邀，去过“海上布达拉宫”——东极岛。每年春天来临，我喜欢去开化县长虹乡桃源村的台回山——“江南布达拉宫”。春天看菜花，此处最火爆。

144

衢州还有更奇的天然石花，玛瑙、黄蜡石、灵璧石、树化玉等奇珍异宝四季可看，就在常山。常山是宋代花石纲重要产地，“中国观赏石之乡”。北宋庄绰《鸡肋编》记载，宋徽宗对常山巧石情有独钟。

常山自古多奇石，有石笋石、砚瓦石等“十大名石”，故宫御花园有一处“瓜子剑石”（石笋），采用的也是常山石。

常山赏石文化传承不息，乡野间的农家院落，城市里的高楼雅室，几乎每家店每个单位门口，都矗立着一块大石头。常山人建起了中国首个观赏石博览馆，让石头唱出百姓幸福之歌，演绎点石成金的传奇。馆内世界罕见的奇石很多，还有来自世界第三极的镇馆之宝——“珠峰灵石”。古有文成公主入藏成千古佳话，今有珠峰奇石来常传十方美名。

常山奇石

145

龙游青碓遗址有一块9000多年前的石头，据考证是我国最早的人工打磨的黄蜡石。因与云南黄龙玉几乎同时兴起，衢州人给它取了个美丽的名字，叫“衢州黄玉”。上乘的黄蜡石，一块能以数万元的价格成交，精品动辄几万乃至几十万元，成为奇石市场的宠儿，风靡一时，圆了不少人的致富梦。

146

衢州于1994年1月获批成为第三批国家历史文化名城，处于这批37座城市中的第九座。当时，《浙江日报》在头版发消息，标题是“衢州是第九十九朵玫瑰”云云，呼应了歌手邰正宵的《九百九十九朵玫瑰》刚刚流行了一个月的热潮。现在想想，诗意是有点诗意，但数字不确切，其实衢州是名城中的第七十一朵玫瑰。

147

衢州那么早跻身国家历史文化名城，不少大地方的人是不服气的。他们甚至当面就质疑我：你们衢州，凭什么呀？我的回答理直气壮：就凭衢州的悠久历史，就凭衢州是圣人孔子嫡系后裔的世居地，就凭衢州有围棋仙地烂柯山，就凭衢州有保存完好的城墙和城门……就问你服不服吧？

148

衢州人敢想敢做大手笔，整座儒风吹拂的南孔古城要创建国家5A级景区了。衢州城市不大，来去方便，老街逛逛，美食吃吃，小酒喝喝，好不惬意。可以一边走街串巷，一边感受大城市渐行渐远的古色古香。我经常独自踱步在老街小巷，不经意间迎面就会遇上诸多古迹，还有神农殿、天妃宫等，脚步会慢下来，心情也会淡定许多，不由得想起唐时衢州刺史崔耿对衢州的感叹：一邑风景，万井人烟。

149

古城衢州既有气质又有格局，至今仍保存着6座古城门、1000多米较完整的古城墙和较完整的护城河水系。这样的地级市，在全国也不多见。衢城曾有“一河六门”之称。一河，即环衢州古城的护城河。六门，即六个古城门，东为迎和门，南为礼贤门，东南为清辉门，西为朝京门，西南为通广门，北为拱辰门。其中，礼贤门是仅见于宋代文献的衢州城门名，时称通远门，现称大南门。

150

当代衢州人在几座城门周边创造性地修建了古城墙遗址公园，复建了大西门城楼和钟楼楼阁等建筑。先后有南宋嘉定三年(1210)、开庆元年(1259)等年份的城砖出土，有的城砖重达12.25公斤，衢州人如获至宝，这可是鉴定衢州古城历史的重要依据。

151

北京、南京、西安有保存完好的城墙城门，除此之外，我只为衢州骄傲。外地人来衢州，必须打卡城墙。建筑大师梁思成先生的高足郑孝燮、罗哲文赞誉衢州府城墙：罕见，珍贵！是历史文化名城的“绿宝石项链”。府山之于古城犹如美人玉颈，而城墙就是美人颈间的宝石项链，真是绝妙的比喻。衢州城墙经多次重修，现存基本为明、清和民国的遗迹。一些残缺古城墙，现在珍贵得要用玻璃罩起来加以保护，游客只可远观不可近触。

152

元代衢州路监郡伯颜忽都治衢时，对城墙进行大修整。衢州万川大富豪陈嗣宗慷慨捐赠大半工程费用，伯颜忽都表奏朝廷为他请功。皇帝赐号“半州公”，御书“报本堂”赐之。从此有了“先有万川陈，后有衢州城”的说法。衢州至今仍保存着刻有“陈嗣宗捐造”模印文字的部分城墙砖。

153

虽然和知名博物馆比起来，衢州博物馆不算高大上，展品和文物也不算多，但一楼大厅里长达22米的礼贤江山龙化石，定会让你惊叹。二楼全国唯一的婺州窑展馆和“衢州六千年”展厅，也会让你了解到不一样的衢州曾经的辉煌和人杰地灵。

154

每次看到博物馆里的文物，我都会感叹：只有想不到，没有挖不到啊！衢州博物馆的镇馆之宝，是1974年初冬在衢县一个农家菜园内发现的。这座南宋易学大家史绳祖和继室杨氏的墓葬，一股脑儿出土了金娃娃、白玉荷叶杯等7件国家一级文物。

155

1969年，江山出土过一套春秋编钟7件（现存6件），比后期蜚声中外的湖北曾侯乙墓出土的编钟早了近10年。凡编钟16枚为一套，有些是13枚或者更多，唯独江山这一套只有7枚。难道与现代通用简谱的7个音阶暗合？宫廷礼制所用编钟为什么会流落到民间？是江山生产的吗？这一切，没有任何文献记载，或将成为永远的谜题。

156

上亿年前，衢州是恐龙的乐园。浙江省迄今所发现的6条恐龙骨骼化石中，衢州就占了3条，出土的恐龙蛋化石更是数不胜数。

浙江自然博物馆，同时也是衢州博物馆的镇馆之宝，是一架长达22米、距今约7000万年的礼贤江山龙化石。1977年，江山中学教师郑才生等人在礼贤乡金交椅发现了这具恐龙化石。这是我国首次发现巨龙科化石，也是浙江发现的最大型、最完整的蜥脚类恐龙。2006年12月25日，我在《衢州日报》以《发现礼贤江山龙》为题，刊发了对80岁的郑老师的整版专访，他的发现让中国考古史翻开了辉煌的一页。

157

上海博物馆的镇馆之宝，也与衢州有关——江山三卿口龙窑模型陈列室，展示了整个制瓷过程，保留了宋代制瓷工艺，被称为“传统制瓷业的活化石”。衢州博物馆也有复原陈列场景。我多次去三卿口实地探访真正的龙窑，很是壮观。

158

在大多数人心中，中国旅游的标志性雕塑是“马踏飞燕”，可我在2010年9月27日的《衢州日报》推出的整版特写《何东君：穿越浩瀚的历史长河》中，详尽地记叙了衢籍著名媒体人、新华社原副社长何东君的不同意见：“它不叫马踏飞燕，而叫马超龙雀。”为什么？所有的解释，都在我的这篇长文中。

159

博物馆迷们可以来衢州探一探颇有特色的几家博物馆：邵永丰麻饼手工技艺博物馆，这是衢州市第一家民间“非遗”博物馆；衢州人文博物馆，收藏和迁移了明清和民国民居18幢；小学语文博物馆第一分馆，馆藏最为齐全的国内外小学语文教材、著作等，是全国首创的学术场馆；衢州黄蜡石黄玉博物馆，收藏了七八吨黄蜡石仔料；中国蜜蜂博物馆，这是浙江首家蜜蜂文化主题博物馆；中国观赏石博览馆，这是中国第一个以观赏石为唯一展示内容的主题博物馆；中国根雕博物馆，整个开化根宫佛国景区就是一座巨大的根艺博物馆。

160

依山而建的5A级景区根宫佛国内有许多仿古建筑，醉根天工博物馆的屋檐奇怪地拱起，极像日式建筑或仿唐建筑。四方形楼阁式的醉根佛塔与博物馆相映成趣，看上去也很有日式风格。想到唐朝时日本与中国之间有许多文化交流，日本的文字、茶道、花道、建筑等都学习中国，那当今这些仿唐古建筑与日式建筑相似就不足为奇了。

161

“小小开化县，三爿豆腐店。衙内打屁股，城外听得见。”这是新中国成立之初流传至今的民谚，形象地描绘了这座山城之“小”，但其文化底蕴却格外深厚，竟然“藏”着一座100多岁的公共文化馆，它从1918年的开化通俗讲演所演变而来，一套耗时3年写就、洋洋200万字的厚重文集《百年馆事》，记录的就是这座百年文化馆的故事。

162

老衢州有36街72巷，以十字街为界，分东、南、西、北四隅，各隅有142条街巷之多，纵横交错，宛如棋盘。新时代来临，衢州启动了市区“古城三修”十大工程实施方案。将来工程结束后，人们可从水路进城，坐船绕古城品茗看风景；可从水亭门走上空中步道，跨过县西街，走到钟楼底，路过北门，沿着最美廊桥直接走到孔庙。想想都美！

163

衢州有个北门街历史文化街区，其中有清新灵动的徽派建筑，青石板铺就的老街，安闲淡定的市民，自在有序，平和生动。北门街的南端是衢城的标志性建筑——钟楼，为明万历三十五年(1607)太守张尧文所建。基座上原建有二层楼阁，可观景，可报警，后毁于战火。楼上有口1.5吨重的大钟，报时辰也报火警，可惜抗战期间被日军盗掠。

为复建钟楼，文物部门寻寻觅觅12年，终于征集到市民叶毓麟先生摄于1965年的老照片，正是这张珍贵的照片让钟楼得以复原。

164

想不到，我小学和初中阶段走过千百遍的北门街，曾是衢州的一条名流街，生活过不少名医大儒、高僧大德，民国时还出过“六一子”龚香圃、叶伯敬、江钟灵等著名中医。这么多的医馆都能和谐相处吗？他们想到了十分和谐的共处方式——结成亲家，内部消化。你看，过去的中医多聪明多智慧啊！

165

水亭门历史文化街区，一座“没有围墙的博物馆”，诗意与活力相融。水亭门，门停水，衢州的门神。不识水亭门，枉为衢州人。南宋时期，水亭门街区达到鼎盛，有“五色人家，十八宗祠”的美称。如今，水亭门街区尚存三街七巷，老街的庙宇、宗祠、会馆、城楼、坊巷、宅邸、古迹，衢州人都小心翼翼地保护着。多少兵荒马乱、打砸折腾，渡尽劫波，它们终究还是被留下来了，构成了一条不可复制的历史文化长廊。

166

衢州市政府请来浙江大学吴宗杰教授，率领学生对水亭门街区进行深度走访和调研，成果编辑为《衢州水亭门历史文化街区》（上、下）并出版。古城卫士、同济大学教授阮仪三主持编制了《水亭门历史文化街区保护规划》，一个活力街区，一个复合型社区，一座博物馆，一处城市文化空间，跃然眼前。

167

儿童文学作家谢华的非虚构作品《江南驿》，讲述了水亭门街区下营街 38 号一个百年家族的传奇故事。想象一下，穿过那些幽静的街巷，走过粉墙黛瓦马头墙，透过木格窗与雕花窗棂，一个个历史人物迎面而来，让人不由自主地想来一场穿越。

168

金庸曾说："我许多创作灵感来自衢州。"这话很是令衢州人骄傲。金庸先生是海宁人，怎么会和衢州感情这么深？原来，抗战期间，他流亡到衢州，就读于省立衢州中学高中部（今衢州一中）。虽然不到 2 年，但他始终记得青少年时代求学、生活过的衢州。

2004 年 12 月，时隔 62 年，金庸先生应邀回访母校衢州一中。他写诗寄托对母校的深情："温雅豪迈衢州人，同学少年若兄弟。六十年中常入梦，石梁静岩夜夜心。"后来，他得知母校将新大楼命名为"金庸楼"时，专门回信感谢并题写了楼名。

"飞雪连天射白鹿，笑书神侠倚碧鸳"是金庸取自己的 14 部武侠小说书名的第一个字凑成的对联。14 个字中，有 3 个字与衢州有着密切的联系。《射雕英雄传》中的桃花岛，雏形是衢州石梁镇静岩村的溪中岛。《碧血剑》中他虚构了石梁派，书中 40 余处提到石梁，石梁派门人对围棋对弈也情有独钟，不少人物是衢州人，温家所在地便是远近闻名的武术村——麻蓬村。在修订版中，石梁派被改名为棋仙派，所在地也从石梁镇改到静岩镇。大概是因为《碧血剑》中的石梁派作恶多端，为了不给充满美好回忆的小镇石梁"抹黑"，金大侠修订作品时就把这里一并修改了吧。《笑傲江湖》中，令狐冲乔装成

“吴天德”将恒山派弟子从魔教伏击中救出，发生在仙霞岭上。张纪中先生新版《倚天屠龙记》选景龙游，完全是金大侠的推荐。龙游石窟、龙游民居苑、龙游大竹海是新版《倚天屠龙记》的主打场景，占了8—10集的量。

169

衢州人喜欢拿“两子”做文章，一是孔子，二是棋子，号称“两子文化”。就像金华人说火腿、泰安人说东岳那样，衢州人也热切地希望打造一张闪亮的城市名片。“南孔文化”无疑是衢州最具识别度的标志。2005年9月，时任浙江省委书记习近平第五次来衢考察时指示：“衢州历史悠久，是南孔圣地，孔子文化值得很好挖掘、大力弘扬，这一‘子’要重重地落下去！”如今，以“当代人祭孔”为特色的南孔祭典，被列入国家级非物质文化遗产名录；中国（衢州）儒学文化产业试验园区，成为浙江省唯一的国家级文化产业试验园区。

170

杭州人爱提苏东坡，绍兴人爱提鲁迅，衢州人最爱提的名人就是孔子。孔子是山东人，为何他的嫡系后裔在衢州？近200座孔庙遍及全国，为何孔氏家庙只有山东曲阜和浙江衢州两处？

衢州人喜欢带外地朋友到孔庙，就好像北京人喜欢带外地朋友到故宫一样。建炎南渡（1127）时，除了北宋皇族，还有孔子的嫡传子孙，后来有一支就逃到了衢州。宋高宗感激孔氏后人“护驾南渡”的忠诚和“奉像南渡”的功德，赐家衢州，衢州便成了孔氏族人的第二故乡，有“东南阙里”之称。连元世祖忽必烈也盛赞让出“衍圣公”爵位的孔洙是道德楷模，“真圣人之后也”。

衢州人很为自己是“圣人之后”而自豪。

还要告诉你一个秘密：听说衢州有些分管教育的官员，会在高考前夕到孔庙为学子们拜谒孔子，热闹程度堪比曲阜孔庙。

171

孔氏南宗缘何被赐居衢州？两宋时期，衢州属浙东路，成为京畿之地。加之杭、衢舟楫便利，成为宦游的重地。孔端友寓衢后，曾在衢城的四隅建造了四座“鲁阜山神庙”。衢州州学与孔氏家庙合一的局面维持了100多年，直到宋理宗宝祐元年(1253)，首座孔氏衢州家庙才得以在菱湖之滨兴建。之后，三易其址，多次修葺，才逐步形成了今天的格局。

172

抗战爆发后，日寇两次攻陷衢州，听说孔氏家庙珍藏着孔子和亓官夫人楷木像，就想占为己有。孔氏后人为了掩鬼子耳目，特地做了赝品蒙混过关。日军未能得手，就劫掠了庙内的400多件珍器，还一把火烧了孔庙藏书楼。整座孔庙只剩下一匹可怜的老马，饿得差点把屋柱子都啃断了。

173

所幸有浙江省文史馆馆员、衢州籍历史学家徐映璞，他的《孔氏南宗考略》对孔氏南宗800余年来之典章文物、古迹遗闻做了详尽的介绍。即使在今天，这部书依然是研究孔氏南宗的珍贵资料。当今，还有衢州孔氏南宗家庙管理委员会"文史三老"——庄月江、崔铭先、徐寿昌，也为南孔文化孜孜以求、殚精竭虑。

174

若问中国哪座城市最儒雅，当然是衢州。在衢州，几乎人人都会背诵《论语》中的名句。衢州市中小学生《论语》学习系列大赛已持续举办18届，从读经班到《论语》辩论赛，从讲《论语》故事到《论语》演讲，衢州涌动着学习、背诵《论语》的热潮。孔子故里山东曲阜经常搞些"孔子搭台，文化唱戏"的活动，衢州自然不甘落伍，每年也举办祭孔大典，经常邀请多国孔子学院负责人参加国际孔子文化节。衢州人觉得，衢州之所以获评国家历史文化名城，是托了孔子的福，沾了孔氏南宗家庙的光。

175

衢州作为南孔圣地，几乎处处留有与孔子相关的痕迹，有中国儒学馆、孔庙、孔府、孔家山，有尼山小学、仲尼中学，几乎每个学校都有一尊孔子塑像。我在衢州对口援建的新疆,也见到衢州送的孔子塑像矗立在乌什中学。来衢指导围棋赛的聂卫平都忍不住说:衢州这几年力推“两子文化”,衢州有礼,棋妙柯城,树立文化自信,颇具大局观。

176

衢州曾经生活着中国最后的“奉祀官”“文化活宝”孔祥楷(1938—2021)。孔祥楷先生是孔子第七十五代嫡长孙,还是曲阜、衢州、台湾三地孔庙最后的奉祀官。在衢州市档案馆,据民国时期的几份档案记载,他年仅9岁就被南京国民政府委任为“奉祀官”,还有工资。1993年,时任衢州市市长的郭学焕先生力邀孔先生辞别沈阳黄金学院副院长职位,回衢州坐镇,筹划祭孔,弘扬儒学。这一来,竟有28年了!

177

2004年9月28日,孔子2555周年诞辰,衢州举行了中华人民共和国成立后的首次祭孔典礼,一时群贤毕至。有明白人在拜谒时发现,牌位上那个“神”字没有了。是呀!当今对孔夫子应该有一种与时俱进的认识,他是人,是老师,是思想家,不是神。此后,每年9月28日的祭孔大典,成为衢州的一件大事,省市领导、各界代表都会悉数出席,形成了一年一小祭、两年一中祭、五年一大祭的规制,分社会公祭和学祭两种形式,两年一轮换。

178

早在大学时代，我就参观过北孔曲阜。那里有著名的三孔：孔府、孔庙、孔林。论气势和排场，南孔自然不好相比，但南孔也有家庙、孔府、后花园三部分。孔庙主体大成殿有康熙题写的“万世师表”和雍正题写的“生民未有”；孔府大堂高悬着“泗淛同源”的匾额；孔庙还有一座独特的建筑思鲁阁，阁里供奉着镇庙之宝——先圣遗像碑，是根据唐代著名画家、有“吴带当风”美誉的吴道子所绘稿本摹刻的。

179

1960 年以前，衢州孔庙珍藏着传家“镇庙之宝”——孔子及亓官夫人楷木雕像，历来被奉为神灵而秘不示人。当年孔端友奉诏南渡扈驾，只背负着这两尊祖宗圣像南行。圣像到衢州后，历经 27 代，长达 800 余年，其间虽然劫难不断，但最终被完好地保护下来。1934 年，郁达夫先生参观孔庙后，就在《烂柯纪梦》中详细描摹过了。衢州市文联、作协原主席陈才先生创作的《圣像之劫》，先在《衢州日报》连载，后被拍成电视剧（分上、下两部）在央视和浙江台播出。

岂料，到了 1959 年国庆前夕，圣像被曲阜县文物管理委员会从浙江省博物馆借走，后被告知遗失。现在衢州孔庙的楷木像只是北宗奉送的复制品。我在东方圣城网读到《历史文物：孔子及亓官夫人楷木像》一文，结尾是这样的：“1960 年，孔子及亓官夫人楷木像，又重新归藏于山东曲阜孔府。孔子夫妇楷木雕像历经各种劫难，穿越数百年时空，终于又回到故土。其遭遇也像是孔子及儒家文化一样，折射出艰辛和多舛。”

2021年新年伊始，孔管会美工张继新花费20多天时间，结合多种资料，用孔庙6年前倒下的500岁柏树的木料，成功复刻了一对栩栩如生的孔子及亓官夫人像。

180

2020年9月28日，孔子诞辰2571周年纪念日。在这次祭孔仪式上，新一代传承者、孔子第七十六代嫡长孙孔令立，身着中山装，佩戴胸花、胸牌，恭敬地向孔子像敬香，首次担任主祭人，正式接棒南孔文化。

2021年9月6日，南孔文化季“泗淛同源”孔子文化交流展在衢开展。这可不是一场简单平常的展览，看看，“淛”为“浙”的古体字，代指孔氏南宗衢州；“泗”为泗水，代指孔氏北宗曲阜。“泗淛同源”，寓意南宗、北宗同宗同源。

181

要问南孔对衢州的影响，在文化熏陶、教育培训和精神打造方面，是任何一种文化和思想都无法替代的。衢州成为世人向往的“仲尼新家”，一度成为全国儒学研究的中心。理学大师朱熹一生曾30多次经过衢州并讲学，有两次“三衢之会”。衢州也吸引着陆游、辛弃疾、杨万里等人，他们留下了许多佳句妙章，为衢州的璀璨文化增辉添彩。人才之众,儒风之盛,著述之丰,造就了衢州文化史上的高峰。

182

衢州向全球征集"南孔圣地·衢州有礼"城市品牌,衢州学院教师徐明设计的"南孔爷爷"最终成为城市卡通形象,走出国门向世界行礼。衢州城市IP"南孔爷爷"系列产品出现在全国"两会"等各种场合,成了曝光率最高的卡通人物,2021年4月获首届"中国年度IP评选"品牌文化铜奖。本书的所有插画也由徐明团队创作。

183

"南孔圣地·衢州有礼"城市品牌推介,喜讯频传,2018年高考前夕、2018年除夕,"南孔爷爷"两次刷屏"世界的十字路口"——纽约时代广场,在"世界第一屏"纳斯达克大屏吸引了全球目光。"南孔爷爷"还在日本更换年号的当天,登陆日本东京最大的LED广告屏。

184

周迅无疑是衢州的金名片,这些年她多次为家乡"打call"。衢州在北京、上海、深圳等城市举办的一场场城市品牌发布会上,每一场都会传来衢州游子周迅的心声:"欢迎大家常来我的家乡做客。"这位衢籍国际著名影星,连续8年无偿担任衢州山水形象大使。无论是山水旅游推介会,还是湖南卫视《天天向上》上介绍衢州"三头一掌",甚至讲述“我最喜爱的习总书记的一句话”微视频朗诵，只要周迅或她的视频一出现，安静的会场就会突然骚动，屡试不爽。古灵精怪的周迅，是不是衢州外宣最有效的撒手锏啊？

185

再说说另一子，“棋子”。最经典的王质遇仙的神话传说，就发生在衢城南郊的烂柯山。这传说最早见于南北朝时期的《述异记》，后《水经注》《地名大辞典》《中国历史文化名城大辞典》等典籍都有详尽的记述。用衢州作家毛芦芦的文艺调调来总结：这不经意间的轻轻一坐，樵夫王质平凡的生命从此开出了永不凋谢的神奇花朵。

186

因故事流传广泛，全国10多个地方都有烂柯山，广东肇庆、山西武乡、河南新安……各地争抢不休。幸有郁达夫先生的《浙江景物纪略·烂柯纪梦》，《辞海》第六版也新增了作为山名的“烂柯山”条目，它们都明明白白地阐述了烂柯山在衢州的事实。

187

烂柯就此成为围棋的代名词。我国一些围棋古典弈谱，有不少根据“烂柯”这一典故而定书名。现存最早的棋谱《忘忧清乐集》收有衢州实战谱《烂柯图》和棋势《烂柯势》。日本高段棋手经常将“烂柯”书于扇面，用来馈赠亲友。近来读史，发现有一种叫“棋仙钱”的宋代古币，正面是两位棋仙席地对弈图，背面是朱熹的五言诗《游烂柯山》。我查了一下，一枚的拍卖价在三四千元呢！

188

烂柯山融道、释、儒于一体，海拔仅 164 米，并不雄伟巍峨，为啥古往今来却是人们心中的仙山？历代名人名流但凡到衢州，必游烂柯，留下足迹以及上百首题咏诗文。难怪郁达夫先生一见倾心，大声惊叹。据说，20 世纪 60 年代，许世友上将也曾登临烂柯山。著名科学家斯蒂芬・威廉・霍金虽未来过烂柯山，但他的理论和烂柯山相关。邓拓《燕山夜话・烂柯山故事新解》，说烂柯故事中的时间相对性。我想，能不能据此拍一部穿越剧《王质遇仙》？或许会成为网红剧。

烂柯山天生石梁

189

1993年,中国围棋锦标赛在衢开赛,国家体委主任伍绍祖题词"烂柯棋局传千载,衢州建设展新颜",中国棋院院长陈祖德题词"衢州烂柯,围棋仙地",棋圣聂卫平题词"衢州烂柯山"。九段棋手曹大元、钱宇平、俞斌等均来衢州参赛。当时,中国集邮总公司还特地发行了中国围棋特种邮票和纪念封。

从此,衢州人开始大做棋子文化的文章。多次重大的世界性比赛均在烂柯山青霞洞举行。"烂柯杯"中国围棋冠军赛长期"落子"衢州,至今已举办9届,世界顶尖围棋高手俞斌、古力、谢赫、孟泰龄、范廷钰、芈昱廷、檀啸、许嘉阳、李轩豪先后夺冠。棋王们纷纷光临烂柯山,这让衢州人很是兴奋。都说下围棋的人会算计,不知围棋之乡衢州的人们得了多少围棋文化中沉稳精明、审时度势的精髓?

"衢州这局棋下得好啊!"2022年4月1日,衢州正式实施全国首部围棋法规《衢州市围棋发展振兴条例》,共计7章45条,同时出台10条政策,加快建设"世界围棋圣地"。中国围棋协会副主席、棋圣聂卫平多次盛赞:"对于围棋来说,立法是一件非常了不起的大事。衢州围棋立法走在了全国前列!"

190

由于烂柯山自带仙气,衢州的城、镇、乡都有用相关元素来命名的,如柯城区、石梁镇、石室乡等。每每有客人光临,我都乐意陪同前往，谁不想多沾一些仙气呢？

191

“一方水土养育一方人，一方水土酿造一壶好酒。”衢州三面青山，一侧濒水，空气极为清新。山中四季有花，蜜蜂成群。正是这种独特的地理环境、空气中丰富的微生物群落、优良的水质，造就了衢州这个酿酒的好地方。

192

大量的陶瓷古酒具证明，早在西周时期，衢州的酿酒业与制陶业已相当发达。中央电视台《赛宝大会》主持人说，衢州博物馆收藏的国家一级文物白玉荷叶杯，为我国年代最早的玉质荷叶杯。宋时衢州酿酒业颇为发达，还设有专门管理酒务的官员。

193

酒的芳香渗入衢州人的生活，无酒不成礼，无酒不成乐，无酒不见情。从住宅建筑的起工酒、架栋酒，到婚俗中的定亲酒、回门酒，再到历代诗人留在衢州的诗酒年华，处处渗透着酒文化的风雅。元代张可久散曲唱道：“白酒黄柑山郡，短衣瘦马诗人，袖手观棋度青春。”曲中提到的“白酒”“黄柑”，皆是衢州著名特产。

从前慢，车马缓，衢州人日子很从容。衢州每个重大节日都有饮酒活动，形成“有礼之会，无酒不行”的饮酒习俗。端午饮“菖蒲酒”，重阳饮“菊花酒”，除夕饮“年酒”，甚至春季插完禾苗也要欢聚饮酒，庆丰收更要饮酒，酒席散尽往往是“家家扶得醉人归”。

194

古时，烂柯山下的石室村就是著名的产酒地，张可久言“胜境藏仙洞，浩歌来醉乡”，可见此地酒名远扬。南宋诗人周紫芝的《风流泉铭序》曰：“石室酒出三衢，名倾浙右。”他从衢州得到石室酒的酿法，取名为风流泉。陆游到烂柯山，饮石室酒后诗兴大发。

古往今来，许多骚人墨客寓居衢州，往往借酒宣泄情感。晚唐诗人皮日休曾来过衢州，自号“醉士”。韦庄在衢江畔辞别李秀才时，吟出“千山红树万山云，把酒相看日又曛”，与王维的“劝君更尽一杯酒，西出阳关无故人”有着异曲同工之妙。

195

衢州历代有酒谚，如“酒多伤身，气大伤人”“今日喝酒吃肉，明日求医问药”“秤砣虽小压千斤，酒杯虽小淹死人”等。民间素有“三杯通大道，一醉解千愁”和“药能医假病，酒不解真愁”这两种截然不同的看法，大多数人是主张“花看半开，酒饮微醺”，以及“法饮宜舒，放饮宜雅，病饮宜小，愁饮宜醉；春饮宜庭，夏饮宜郊，秋饮宜舟，冬饮宜室，夜饮宜月”。旧时有《饮酒送别歌》流传于衢州，共16句，我在此特意画出重点：劝郎在外莫贪杯。

196

据说，茅台在衢州和丽水的销路，属浙江倒数一二。这固然与当地的经济发展、消费能力相关，但窃以为，是不是也与衢州人善酿有关？有那么多生态的、绿色的、有机的粮食烧和水果烧，还需要喝茅台、五粮液吗？在衢州，莲子烧、桃子烧、李子烧、梨子烧、葡萄烧、猕猴桃烧、荞麦烧、薏仁烧、谷烧、地瓜烧，样样都有，精彩纷呈。听说清代衢人趁梨花开酿得“梨花白”，别有一番风味。想来这“梨花白”应与农家自酿的米酒、果酒相差无几吧？

197

一方水土酿一方美酒。龙游北乡有种植历史长达800多年的大片的荷花，有极负盛名的富硒志棠白莲，“生可补心脾，熟能厚肠胃”。尤其是横山镇天池村，春植荷，夏赏花，伏收莲，冬挖藕。除了莲子、鲜切花、鲜荷叶、莲子酥、荷叶茶，北乡人还擅长制作莲子烧。与一般谷物不同，莲子蒸煮时会变成糊状，不容易酿出酒来。传统的土法是用谷糠拌碎莲子再蒸煮，再通过3年以上的自然窖藏，才会变成柔和醇香的美酒。

198

龙游畲乡的吴军傲成功研种了“活竹里长出来的美酒”，他的300

亩鲜竹酒基地就藏身竹海。据《本草纲目》和《中华医药大辞典》记载，鲜竹酒具有清热解毒、润肺益气等功效。他每年种鲜竹酒10000筒，收益比纯卖竹子翻了十几倍。想不明白，这么高的效益，竹乡衢州为啥没有广泛种植呢？

199

烂柯山古有名酒、名茶，今有鱼庄、花海。石室鱼庄绝对是个吃鱼的好去处。遇到好几个外地“吃货”，他们一见我张口就说：“你是衢州来的啊？石室鱼庄的鱼真好吃啊！”我这才知道，四方食客如云涌来，只为去石室食鱼。20世纪90年代起，此地的鱼庄成为衢州有名的特色餐饮场所。近年，乡政府把鱼庄引导到金庸小说中写过的石室古街。各类河鲜江鲜让人鲜掉眉毛，雀嘴、太阳鱼、鮰鱼、鲟鱼、鲇鱼，鱼儿种类齐全；柴火鱼、酸菜鱼、麻辣鱼、蒸汽鱼、石锅鱼，烧法多种多样。也难怪，外地“吃货”们一见面一张嘴说的就是石室鱼庄呢！

200

我的联系村荆溪村就在石室乡，一年四季都有花可赏，让人怀疑杭州太子湾是不是被搬到了这里。郁金香、油菜花、格桑花、向日葵、百合花、马鞭草、薰衣草……从荒田到花海，再到网红村，让游人闻香而动。荆溪村又叫中国围棋谷，村庄布局巧妙，状如棋盘，民居如棋子，若从空中俯瞰，仿若一局精巧的和棋。

201

衢州文化如此“富有”,请容许我先叉会儿腰骄傲一分钟。

2005 年,衢州启动非物质文化遗产保护工程,现有世界级“非遗”1 项,国家级“非遗”12 项,省级“非遗”76 项,市级“非遗”300 项,县级“非遗”1189 项,保护任务艰巨。衢州市现有市级以上“非遗”传承人 398 人,他们的故事、记忆、精神、传播、推介、销售、文创,正在努力形成一条产业链,让古老的“非遗”焕发出生机和活力。

为加强非物质文化遗产活态传承,鼓励代表性传承人(群体)开展非遗传习活动,全市已创建省级非遗传统戏剧项目保护地(单位)10 个、非遗传承教学基地 7 个、非遗传承基地 3 个、省级文化传承生态保护区 1 个。

202

衢州还是中国为数不多的拥有 3 处世界级遗产项目的城市:2010 年,衢州江郎山作为“中国丹霞”的一部分,被列入世界自然遗产名录,坐拥全省首个世界自然遗产;2016 年,以衢州柯城九华立春祭等为代表的中国“二十四节气”,被列入联合国教科文组织人类非物质文化遗产代表作名录;2018 年,衢州姜席堰被列入世界灌溉工程遗产名录。

203

衢州保留了世上唯一的春神殿。二十四节气文化堪称中国古代“第五大发明”。立春祭祀春神句芒,是延续2000多年的一个重要祭祀节日。这一天,柯城区九华乡外陈村的村民们都会聚集在梧桐祖殿,举行隆重而古老的迎春仪式。老农鞭春牛,唱响《鞭春喝彩歌谣》,开启新春第一耕。

204

“雄奇冠天下,秀丽甲东南”的江郎山风景区,是国家5A级景区。江郎山俗称三爿石,郎、亚、灵三石拔地壁立,独矗群山之巅,被誉为神州丹霞第一奇峰,已经在地球上伫立了大约1.3亿年。20世纪80年代末,当地人沿着石壁开凿3500多级台阶。我陪友人去过多次,但因恐高,一次也未敢登顶,只能发挥想象力感受它的雄奇。

205

险峻的景观,足以诞生伟大的奇迹。安得此身生羽翼,化身“飞侠”看江郎?这个梦想,由震撼了无数人的央视《航拍中国》创作团队帮我们完成了,空中俯瞰江郎山整整2分钟!2013年9月28日,世界顶级翼装飞行大师杰布·克里斯乘滑翔伞以160千米的时速成功穿越了仅3.5米宽的一线天,完成了个人飞行史上难度最大的一次挑战。因湖南卫视现场直播，江郎山一时与拍过美国大片《阿凡达》的张家界天门山齐名。

206

2018年8月14日，“江南都江堰”龙游姜席堰跻身世界灌溉工程遗产名录，世界从此看到龙游人的智慧。这项680多年前建成的水利工程，是元代龙游达鲁花赤（相当于县令）察儿可马在任时，与姜、席两个员外历尽艰辛所建，堪称山溪性河流引水灌溉工程的典范。时至今日，它依然润泽龙丘大地，让龙游百姓始终能吃到香喷喷的白米饭。

207

陆上丝绸之路人尽皆知，但海上丝绸之路鲜为人知。京杭大运河到杭州之后，一条沿浙东运河去明州港（今宁波），另一条由钱塘江逆流而上到江山的清湖码头，在清湖码头卸下的货物，经过120千米的陆上交通线仙霞古道，到福建浦城的观前码头，入闽江到泉州，然后出海，这就是海上丝绸之路。

衢州也是海上丝绸之路的必经之地。江山正在申报世界文化遗产。

208

古琴是联合国“人类口头和非物质遗产代表作”。历史上，衢州与古琴的故事并不少。《宋史》记载了衢人、铁面御史赵抃携一琴一鹤赴蜀的故事。南宋衢籍浙派古琴传人毛敏仲，有《渔歌》《樵歌》等许多著名琴曲传世。元代，衢州人吾丘衍曾作《九歌谱》《十二月乐谱》。明代，龙游人祝公望斫蕉叶琴，传世至今。清末民初，龙游县灵耀寺释开霁为近代著名琴僧。当今，衢籍浙派古琴家徐晓英桃李满天下，其女章怡青是浙派古琴项目“非遗”传承人；省级“非遗”传承人沈华龙先生及其儿子沈富春的古琴制作技艺，同样精湛……古琴对于衢州的意义，远远超出其他传统乐器。

209

百慕大三角、金字塔、钱江潮、珠峰……北纬 30°附近，中外奇观绝景比比皆是，充满奇景谜团，重重谜影中出现了衢州。这里有被誉为千古奇谜的龙游石窟，有堪称地质奇观的节理石柱，还有中国丹霞第一奇峰江郎山……文化学者姜宁馨退而不休，发挥余热，他提出的“衢州景观是北纬 30°附近的集聚星座型景观群”的概念，吸引了央视《北纬 30°·中国行》节目组来此拍摄。

210

最早的西安，不在陕西，而在衢州！衢县（今衢州市衢江区与柯城区）的前身信安县，在唐咸通年间（860—874），因境内西溪（即瀔水、衢江）而改信安为西安，取意“西溪安澜”，沿用至民国初年。可惜，辛亥革命后，存续千年有余的西安县被当局改成衢县。而今天的西安市旧称京兆、长安，明代才改名“西安”。

211

以前，多数外地人对衢州的了解，是因为“衢化”。1958 年，经毛泽东主席亲自过问，浙江省委第一书记江华亲自谋划，衢州化工厂在衢州南郊拔地而起。如今，赫赫有名的上市公司巨化集团是全国最大的氟化工先进制造业基地和浙江省最大的化工基地，多次入选中国五百强企业。

1973 年 7 月，著名数学家华罗庚按照周恩来总理的指示精神，冒着酷暑来到衢化传授“优选法”。

212

以前只知道衢化附近有所浙江化工学院，近来查资料才发现，建成于 1960 年 9 月的这个学校，20 多年间几易其名，饱受折腾，在杭州与衢州之间经历了 4 次大迁移。2010 年 3 月，多次更名的浙江工业大学浙西分校升格更名为衢州学院。与衢州特别相关的著名校友是茅临生，他一路从浙江工学院团委书记成长为衢州市委书记，直至浙江省人大常委会党组书记。

213

你知道吗？因毛泽东直系远祖、宋工部尚书毛让世居三衢，专家研究发现，毛泽东祖居地在江山清漾村。2002年3月，清漾毛氏族谱登录首批中国档案文献遗产名录，明确了清漾是江南毛氏的发祥地，毛泽东是清漾毛氏第五十六代嫡孙。江山与韶山、吉水三地共同确认：湖南韶山为“毛泽东诞生地”，江西吉水为“毛泽东祖籍地”，江山清漾为“毛泽东祖居地”。

214

清漾毛氏世代书香。1400年中，清漾毛氏出过80位进士、8位尚书，著作有5部17卷被收入《永乐大典》，6部27卷被编入《四库全书》。

“清漾祖宅”匾额为著名学者胡适题写，而从这里走出去的国学大师毛子水则在胡适去世后为他题写了著名的百字碑文。大门前的楹联“天辟画图，星斗文章并灿；地呈灵秀，山川人物同奇”为大诗人苏东坡所撰。前堂横梁上的牌匾“开拓前进”，由最高人民法院原院长江华题写。江山59万人中有6万姓毛，占总人口的1/10。

215

早在1956年，毛主席就为油茶说话了，提出要建设“炸不烂的油库”。1971年3月，周恩来总理主持召开全国棉花、油料、糖料生产会议，要求各地采取措施促进经济作物生产的发展。常山县委副书记于耐毅作为油茶之乡唯一的代表参加了这次会议。周恩来特别点名说：“常山的于耐毅同志，你讲讲嘛，你们那里是怎么发展油茶的?”常山油茶从此天下闻名。于耐毅回常山后，传达了周总理对常山的关怀，全县干群深受鼓舞，油茶生产迅速发展。当年12月的《新闻简报》，播出了中央新闻纪录电影制片厂在常山拍摄的新闻片《摘油茶果》，后来民间就有了“油茶丰收念总理”这一故事。

216

1934年9月13日，红军北上抗日先遣队进军皖南，途中与国民党追击部队在江山进行了一场由朱德、周恩来、王稼祥指挥的清湖战斗。1949年5月6日，衢州解放。1953年5月8日，周恩来签署衢州区专员任命通知书。1960年，江山婺剧团晋京汇报演出《三请梨花》时，受到周恩来总理的接见。

217

绍兴人鲁迅虽然不曾到过衢州，但与衢州人毛松友、沃渣、华岗、叶洛有着许多关联，在文化界留下许多佳话。

江山人毛松友是著名摄影艺术家。1933 年 2 月 17 日，在《上海晨报》当记者的毛松友受恩师蔡元培推荐，来到宋庆龄公寓，为爱尔兰文学家、戏剧家、诺贝尔文学奖获得者萧伯纳和鲁迅、宋庆龄、蔡元培、史沫特莱、林语堂、伊罗生等人拍下了一张经典的合影。此照值得载入中国文学史，入藏中国文学馆。中华人民共和国成立后，在新华社工作的毛松友拍摄了许多珍贵的历史瞬间。他的后人希望能为他开设摄影纪念馆。我觉得这个要求非常合理，衢州非常需要开设文化名人纪念馆。

218

1932 年，衢州青年版画家沃渣到上海新华美专复读，深受鲁迅鼓励，与美国进步作家史沫特莱主编的《中国呼声》有过多次合作。鲁迅逝世后，沃渣画了鲁迅的遗容发表在《中国呼声》上。再后来，沃渣离开上海奔赴延安，就任鲁迅艺术学院美术系主任。

衢籍著名版画家叶洛与沃渣一样，也深受鲁迅的影响。他参加“左联”及“反帝反封建文化大同盟”，《斗争》《街市战》等作品经鲁迅、宋庆龄推荐，参加巴黎“中国革命艺术展览会”，《狱》等作品被鲁迅收藏。鲁迅写下《“木刻纪程”小引》《写于深夜里》两文为他们呐喊。叶洛素描《鲁迅先生的遗容》，珍藏于北京鲁迅博物馆。后经周恩来介绍，叶洛赴延安任鲁迅艺术学院研究室研究员。

219

1972年,美国总统尼克松首次访华。在杭期间,周总理陪同他品尝了"王正丰"牌龙游小辣椒,尼克松对其特有的风味赞不绝口。龙游小辣椒始创于清朝咸丰元年,被御封为皇室贡品,现在是"非遗"美食。我的同事李啸、傅震茂在网上找到了尼克松总统品尝龙游小辣椒的珍贵照片。

220

被费孝通先生誉为"革命战士、学界楷模"的衢州人华岗,他的著作、30万字的《中国大革命史》在鲁迅的帮助下由上海春耕书店出版。后来,被捕入狱的华岗还得到鲁迅的营救经费。可惜华岗经搭救出狱时,鲁迅已逝世。

221

女作家王寒总结道:浙江其他地方,或出文人,或出师爷,或出富商为多,而衢州却红道白道、旁门左道,皆有才俊秀出。衢州这个地方,看看不起眼,细究起来,有点神秘,难以捉摸。

222

全国"怕老婆"排行,浙江男人排第二!衢州男人名副其实吗?印象中的衢州男人,大男子主义思想不甚严重,多数比较顾家,对外为一家生计打拼，对内孝敬父母、呵护妻儿，真正的“暖男”一枚。有人打趣说，千万别嫁给衢州男人，嫁过去就爱得你离不开哦！

223

从“衢州保姆”转型培育“衢州月嫂”，再到上了《南方周末》整版报道的“常山阿姨”，衢州还是四省职业教育培训中心。“中国·衢州月嫂节”上有了“新标准”，为浙江首创！月嫂不再只是“搭把手”，而成了“全能战士”。衢州月嫂分一、二、三星级和金牌级，共4级。金牌级月嫂月平均工资在12000元以上。

224

江山是一个能牵动国共两党共赴抗日、浴血奋战情结的地方。民国时的江山，是抗战的江山，谍影重重。谍战片《风声》中由周迅饰演的顾晓梦，让无数观众热泪盈眶。我们无数次设想过，在江山拍摄谍战剧。我们也邀请龙一、海飞等“大咖”前来江山，看看有否生发谍战影视的可能。著名作家麦家也曾经来此，当时有人打趣道：“‘中国特情文学之父’和构建起庞大间谍王国的‘军统教父’，在今天跨越时空相遇啦！”

225

我在朋友圈看到圈友姜汤和她培训班室友的一段对话：

室友说，马寅初、马云是我们嵊州的！姜汤说，金庸是在我们衢州读书的，周迅、何晴、邓英是我们衢州的。室友说，马晓春是我们嵊州的！姜汤说，马晓春是来我们烂柯山下的棋。姜汤还骄傲地补上一句，第一位准确翻译出“全世界无产阶级联合起来”的中共党员华岗就是衢州人，我们可是根正苗红……OMG，人人手里都捏了一把牌。这年月，心里不揣几个大人物都不敢出门了！

226

衢州的寺庙不少，和尚也不少。衢州有个绕口令，我们小时候都会念：“这边楼上一个和尚，那边楼上一个和尚，这边楼上和尚砸石头，砸到对面楼上和尚头上一个瘤。”《浙江有意思》的作者王寒觉得，这个绕口令比那个“吃葡萄不吐葡萄皮儿”有意思多了。我感觉要是用衢州方言念出声来，就更有腔调了。衢州若要征集、推广和传唱优秀童谣，我看这条可以放在 No. 1。

227

志书上说：“衢俗信鬼神，好淫祀。”衢州处于交通要道，历来多战事灾荒，加上从前科学不发达，衢州人的确比较崇神信鬼，民间多流传着神怪故事。钟楼建起不足百年时，与它相关的一段怪异故事不知咋的传到远在山东的蒲松龄耳中。不少外地人对衢州的最初印象，就来自这位世界短篇小说之王的《聊斋志异》中的“衢州三怪”。洋洋洒洒数十万字的《聊斋》，涉及“三怪”的只有寥寥百余字，说的是一个叫张握仲的山东人回乡后，深情忆起在衢州从军时的神秘往事。衢州老城区旧时传说有“三怪”:第一怪为县学塘(在今县学街)的白布怪,据说它是由观音娘娘的腰带变的,会把人卷入水中;第二怪为钟楼(在今北门街)上的独角怪(又称大头怪),是魁星的朱砂笔变的;第三怪为蛟池塘(今蛟池街)的鸭怪,是王母娘娘瑶池里的老鸭精下凡,常常发出恐怖的叫声。我的同事李啸撰文解读:“衢州三怪”所说的“鬼”,无一例外都是世人“心中有鬼”的倒影,它们张牙舞爪地幻化成各种鬼魅形态,为的是及时挽救那些即将滑向深渊的人,希望其迷途知返,停止追寻邪念和欲望,不要变成邪恶的鬼怪。

228

“衢州三怪”的故事长期流传于衢州,渲染了久走夜路必见鬼的恐怖感,闹得人心惶惶。遥想从前的衢州人,夜里是绝不敢经过这三地的。后来,正义终于战胜了邪恶,他们被衢州府城隍尉迟恭(敬德)悉数收服了。如今,大头怪所在的钟楼已经成为北门历史文化街区的地标建筑。

庐山会议之后,毛泽东乘专列返京,经过衢州停靠金华时,专门召见金华、兰溪、永康和衢县县委书记开座谈会。但衢县县委书记张复兴因路远迟到,被挡在警戒线外,没能参加。主席在会上向与会者问了一些历史问题,估计也问到衢州三怪,在座的人答不出来。但毛主席听负责接待的省公安厅厅长王芳汇报常山今年“五子登科”(麦子、稻子、茶籽、橘子、桐籽丰收),甚为欣慰。这次会议参加者有回忆文章收录在《毛泽东与浙江》中。

市人大常委会原主任黄锡南曾当面问过张复兴，张复兴回答说："我怎么会答不出呢？我根本没参加座谈会。"张复兴失去了见到毛主席的机会，遗憾了一辈子。

会上，毛主席嘱咐大家，要多学一点文史知识，还发布最高指示："在一个地方工作，就要了解一个地方的传统习俗和风土人情，到什么山，唱什么歌嘛！"

229

唐初著名武将尉迟恭不但是传统文化中"门神"的原型，而且与衢州有着极深的渊源。他做过衢州的县令，降服了城里的三个妖怪，还是衢州城墙最早的建造者之一。衢州城门的城砖上都刻有尉迟恭的名字。衢城至今仍流传着"尉迟门神收三怪"的故事。

230

衢州人历来重视教育，建立起一整套从县学到州学、从义塾到书院的教育体系，结出了科举的硕果，素有"状元之乡""进士故里"之誉。自宋至清，衢州有文科进士 1013 人，两宋就有 778 人。宋雍熙二年(985)，衢州人徐泌高中进士，成为宋代衢州文科进士第一人；仅江氏一族，进士及第者就有 108 人，名列全国之首。衢州曾先后有 6 人状元及第，名列宋代全国之首。

231

名城衢州自古多书院。宋代，书院逐渐成为一种办学形式，几乎成为教育的主流。南宋时，全国著名的书院有22座，衢州就有柯山书院和清献书院2座，理学大师朱熹等人多次来衢讲学。元时，浙江著名书院有10所，衢州的柯山书院、清献书院、明正书院占3席。清代，衢州仅历史可考的书院就有30多处，吸引了名师硕儒接踵来衢。

闻名遐迩的柯山书院，是宋元时期著名学者和文人墨客活动的重要场所。陆游、朱熹、马端临、张可久等先后徜徉于此。

留存至今的古代书院，衢州书院是硕果仅存的一座。300余年来，历经多次毁废重修。虽处在市区繁华路段，却并未被墙外的喧嚣所扰，气韵俱佳。现为市政协书画院所在，这里经常举办书画艺术展，是文人雅士开展雅集的理想场所。

柯城拾方书院、柯城永禅书院、衢江孝贞书院、龙游仁礼书院、龙游初阳书院、江山梅泉书院、常山正心书院……刘国庆盘点了当今的衢州书院，竟有不少呢！

232

宋淳熙三年(1176)春天，理学家朱熹与浙东学派的吕祖谦相逢在衢州城郊的超化寺。他俩继著名的江西上饶“鹅湖之会”后，在衢州又展开了激烈的争辩，号称“三衢之会”，影响深远。元代，著名史学家马端临出任柯山书院山长，编撰了史学名著《文献通考》。

233

衢州历代文风昌盛，学者著述丰富。我国历史上最大的一部丛书，全世界最后一笔、最大一宗文化遗产《四库全书》中，著录、存目的衢人著作就有经部12种123卷、史部9种104卷、子部19种231卷、集部18种125卷，共计58种583卷。这是由《衢州市志》统录的。又据近人研考，衢人著作被《四库全书》收入的至少有64种622卷。

234

宋代衢人袁采的《袁氏世范》被誉为中国"家训之亚"，与《颜氏家训》并称治家之圭臬，且少了道学气，多了亲和力，美国汉学家伊佩霞、墨子刻等人都研究过，伊佩霞还将此翻译成英文版，影响力远播西方汉学界。

235

2019年，正逢五四运动100周年。很少有人知道，100年前有不少衢州人，尤其是江山西河女校与这场运动关系密切。据江山文史专家徐青考证，该校的创办人毛咸、毛渊叔侄俩后来赴京求学，和鲁迅、许寿裳、林语堂、李大钊、马叙伦等人积极投身五四运动。

236

中国第一位留学女博士毛彦文，便是西河女校首届学生。我读她的自传《往事》，知晓了其人生的精彩之处不在16岁震惊社会的逃婚，不在26岁的失恋，更不在被吴宓苦爱，而在成为教育慈善家、北洋政府国务总理熊希龄夫人的日子里。1935年，初为熊夫人的她住进北京香山的双清别墅。熊总理病逝后，毛彦文独自操持香山慈幼院。

那年到凤凰古城，我参观熊希龄故居，还与这位才女老乡跨越时空相遇。

直到2020年初，我才知道，巍巍香山曾是我们党的总指挥部、“进京赶考”的首站。1949年3月25日，毛泽东等中央领导进驻香山。双清别墅，有半年时间是毛泽东的办公和居住地。

237

衢州这片热土上，走出了9位院士：语言学家、作家、文艺理论家、文学翻译家、中国科学院院士（学部委员）方光焘，甲肝疫苗发明者、中国科学院院士毛江森，我国器官移植以及多器官联合移植的开拓者和学术带头人、中国工程院院士郑树森，石油加工专家、中国工程院院士汪燮卿，著名冶金和微电子学家、中国工程院院士徐元森，对国防尖端科研做出杰出贡献的中国科学院院士胡仁宇，信号处理技术专家、中国工程院院士杨小牛，环境基准标准与污染防治专家、中国工程院院士吴丰昌，生殖医学家、中国科学院院士黄荷凤。

238

明清时期，当徽商、晋商在商海争雄之时，冷不防在浙江中西南部崛起了一个颇有影响的衢州府商人集团。其中以龙游商人居多，其经商手段最高明，活动范围最广，远达印缅边境、云南姚安，资金积累最多，故被冠以“龙游商帮”，明万历年间有“遍地龙游”之誉。

239

龙游商帮是中国传统“十大商帮”中唯一以县为单位组成的商帮，其经营范围涉及珠宝业、垦拓业、造纸业和印书业等，与他们相关的外地商人涉及 9 个省份 80 多个县。他们既不像晋商经营典当、票号，也不像徽商垄断盐业那般叱咤风云，虽然毫无背景，但他们凭借踏实、苦干、聪慧的经商本领鏖战商海，以海纳百川的胸襟闻名天下，堪称“平民式贵族”。

240

我们不能忘记撰写《龙游商帮》的著名学者陈学文。他是温州人，与衢州素无来往，直到著作出版还未到过龙游。早年学术界只认可浙商中的宁波商帮，陈学文据理力争，才使得龙游商帮堂堂正正地进入“中国十大商帮”序列。

241

明清以来,来衢经商的徽州人很多,逐渐形成徽州帮。福建商人到衢开南货店铺,江西客商则以贩卖瓷器、布匹为主,宁波帮开有广货行、西药店,绍兴客商以经营盐业为主,中药材批发业务则由兰溪帮主导。衢州建起了徽州会馆、福建会馆、江西会馆、宁绍会馆、金华会馆、遂龙会馆等近20座会馆。

242

当年徽州人在衢实力最雄厚,人多势众,清代乾隆年间徽商在县学街购地建造了徽州会馆,并多次出资修建衢徽古道。徽商在衢的情况,在明末小说家凌濛初《初刻拍案惊奇》的《姚滴珠避羞惹羞 郑月娥将错就错》中有记载。

243

衢州市文联堪称中国最美文联,由徽州会馆改建。门面像教堂,内里为中式风格。昔日徽商集会商讨大事的处所,如今变成衢州文艺家的乐园。我是个害怕文山会海之人,却愿意到此参会,且每至必拍照发朋友圈,把远方朋友们的心撩拨得痒痒的,恨不能马上飞来一聚。

244

衢城现存一座妈祖庙——祭祀海神妈祖的地方。清嘉庆六年(1801)由福建商人资建,光绪十九年(1893)重修,亦称福建会馆、天后宫、天妃宫,坐落在城区天王巷内,融合了浙闽两地的建筑风格。神奇的是,殿梁上终年不结蜘蛛网,至今无解,成为古城衢州的又一大谜团。

245

青山翠竹催生了龙游造纸业的兴盛,龙游堪称江南纸都。东晋"二王"(王羲之、王献之父子)真迹所用的纸大多源自龙游。龙游皮纸(宣纸)占全国一席之地,地位与徽州宣纸不相上下。至今龙游人仍然采用土法制作,原料保密,反正不是竹子。龙游造纸业的领军人物是龙游辰港宣纸有限公司董事长、"非遗"传承人万爱珠,20世纪八九十年代开始,上海的陆俨少、谢稚柳,杭州的沙孟海、郭仲选等大腕,用的都是她亲手送上门的宣纸呢!

246

衢州有一座世界上人口密度最大的国家公园,在这里可以听见森林的心跳。山水灵秀境,诗画钱江源,开化整个县域在打造钱江源国家公园。在人们的印象中,那些有珍禽异兽、神奇植被、美轮美奂地貌的国家公园，只在遥远的美洲、非洲等地。拥有山水林田湖这个生命共同体的开化，一下子缩短了我们与心仪的国家公园之间的距离。

247

世界上100多个国家建起了近万个国家公园，中国设立了10个试点，开化便是其中之一。开化素有“鸟的故乡”“中国亚马孙雨林”之誉，具备了建设国家公园的基础，因此于2013年11月获批创建国家东部公园。2015年1月，东部公园更名为钱江源国家公园。2020年1月，国家公园管理局审批通过了《钱江源—百山祖国家公园总体规划(2020—2025年)》。这个规划计划总投资865亿元，涉及开化、龙泉、庆元、景宁4县(市)的14个乡镇。规划获得通过，意味着浙江省国家公园扩容提升了，“诗画浙江”大花园建设中，衢州、丽水终将成为其中最美核心区。

生活在钱江源国家公园核心区内200多平方千米的9000多名原住民，如今成了生态富矿的守卫者。央视《远方的家》第二集《水润山青钱江源》，讲的就是钱江源国家公园的故事，还在学习强国App上亮过相。

248

都说“天空之镜”是最接近天堂的地方。从玻利维亚的乌尤尼盐沼到青藏高原的茶卡盐湖，那些湖面像镜子一样澄明。凝望近在眼前的开化，远山含黛，碧波似镜。天空、美景和大地在偌大的江面上融成一线，构成一面硕大的“天空之镜”。不知有多少访客，一不留神就跌入浙西这面“天空之镜”！

249

一本《钱江源国家公园鸟类图鉴》的出版面世，吹响了保护钱江源国家公园238种野生鸟类的集结号。该书收集了17目63科238种野生鸟类，堪称最为全面的一次鸟类资源调查研究。

250

衢籍作家周华诚在《人民日报》副刊上发表《与山鸟做伴的老陈》，写的就是扎根森林30多年的“隐士”陈声文，他竟然听得懂各种各样的鸟叫。整天在深山老林，观察火情、动植物，老陈一点都不寂寞。是啊，他眼里的山林，有那么多植物、鸟兽、微生物，怎么会寂寞呢？

251

都说不上莲花尖，等于没到钱江源。那年，在开化公安朋友的陪伴下，我下决心去一探母亲河源头。当我千辛万苦、汗流浃背地爬上莲花尖，发现兀立在千米之上的山顶只是一个方圆近1千米的平缓洼地——莲花塘！这里就是钱塘江真正的源头？我失望之余又惊奇万分，心头涌上了平生所学的一串人生哲理。

就是从这片小小的高山湿地流出的小眼泉水，孕育了闻名于世的钱塘江。一路上，得汇集多少江河溪流，才能最终汇成波澜壮阔的钱塘江、波涛撼天的钱江潮？

252

开化人对水一往情深，可谓超越任何一地。你会惊喜地发现，这个沿河而建的小山城竟然有一条南宋前就开辟的、清凌凌的大水渠穿城而过，好一幅山城现代版“小桥、流水、人家”画卷。文艺工作者据此创作舞蹈《小镇有条女人渠》，舞出了大山，舞向了京沪杭。

浙江省文化厅原厅长、剧作家钱法成赞道：“给我印象最深刻的是那一条从县城闹市区穿城而过却始终清澈见底的西渠水……这样的清清流水在现代城市中已经很罕见了，乃是开化山城一大奇观，只有云南丽江古城的溪水可以与它媲美。”

253

沿着钱江源而下，我们来到长风水库。在宏伟屹立的大坝不远处，曾出现于苏轼笔下的月亮湾仍有渔民每日撒网捕鱼，岸边的渔家乐休闲美食街吸引着食客不远百里赶来尝鲜。极佳的水质让将军鱼、鳜鱼、竹鱼、石斑鱼、鲇鱼、汪刺鱼、胖头鱼等多种野生鱼聚集于此，也让每条鱼的味道鲜美无敌。大小 50 余家鱼庄沿江一字排开，任意一家都能端上各种生态鱼，红烧鱼、麻辣鱼、清蒸鱼、酱爆鱼、葱油鱼、水煮鱼，让人大饱口福，久久回味。

254

衢州著名的吃鱼之地，近有长风水库，远有开化何田乡，城郊有石室鱼庄，另有衢江区湖南镇的岭洋渔村，那里有亚洲第一高坝、中国最高的支墩坝，食客络绎不绝。当地仙霞湖盛产重达10多斤一尾的生态鱼，鱼庄老板采取炭火慢炖的独特做法，鱼嫩汤鲜，加上自酿的杨梅烧酒，实为衢州美食一绝。吃惯了衢州的生态鱼，我的味蕾特别灵敏，早已容不下别处略带腥气，哪怕是各大菜系的招牌鱼了。

255

郦道元在《水经注》中写常山港："混波东逝，迳定阳县。夹岸缘溪，悉生支竹，及芳枳、木连，杂以霜菊、金橙……"感谢他严谨的治学态度，让今人得以知道1500年前的常山港两岸景致。郦道元编写此书期间正被罢官居家。他逐一探求源流，详列了1352条水道，编著成40卷、30余万字的《水经注》。

256

倒不是衢州人矫情，要说水质，全省真没啥地方比得过衢州，毕竟衢州位于钱塘江上游，衢州的水源是来自高山密林的钱江源、乌溪江，可以直饮，那感觉，甜丝丝、透心凉。衢州人到外地，最喝不惯的就是当地的水，总脱不了一股漂白粉的味儿，哪比得上我们家的水啊！

衢州委托瑞士 SGS 集团公司检测，结果表明：黄坛口库区水源水 29 项指标均达国家一类水标准，优于 WHO（世界卫生组织）和 EPA（美国环境保护署）饮用水质指标限值，在国内属不多见的良好水源。

衢州的好水，还吸引了一大批知名食品品牌落户衢州。李子园、均瑶、伊利、旺仔、娃哈哈、康师傅、马迭尔……业界大牌们都因衢州之水而来！一江清水，转化为真金白银。我同事报道的《它们，因衢州之水而来》，获评浙江新闻奖。

257

“开化元素”走向世界。钱江源饮用天然水和龙顶红茶、绿茶多次走进乌镇，展示了钱江源国家公园的自然生态魅力。开化源头饮用水有限公司老总余思洪开心地说：“我们企业就在钱江源国家森林公园内，生产的天然水取材自海拔 1000 多米的仙人峰，无任何污染，水质清纯甘冽。”我看，他们连“大自然的搬运工”都不必做。

258

近年来，乌溪江流域多了一群罕见的娇贵身影——中华秋沙鸭。它跟大熊猫、华南虎、滇金丝猴齐名，是中国特有物种，国家一级保护动物，目前全球不足 2000 羽。这群对环境非常挑剔的宝贝号称“鸟类活化石”，比扬子鳄还稀少。

因生态环境持续向好，市民保护意识日益增强，越来越多的候鸟把衢州作为南下栖息地，中华秋沙鸭、东方白鹳等鸟类稀客更是频频到访。仅龙游县小南海镇翠光岩村的一块湿地，就吸引了黑鹳、黑脸琵鹭、卷羽鹈鹕、东方白鹳等120种珍稀鸟类，中华秋沙鸭已经连续4年来此，国家二级保护动物鹗更因迷恋那里的美景，由候鸟变成了留鸟。

中华秋沙鸭立“C位”

259

每当凛冬散尽、草长莺飞之际，衢州都有一群观鸟人、拍鸟人开始兴致勃勃地奔赴一场场与鸟儿的约会。全世界已发现9800余种鸟儿，我国有1329种，浙江有532种。从2014年下半年至2022年3月，浙江省志愿者护鸟队衢州分队在衢州拍到了325种。我的同事徐聪琳精心选取了衢州春夏季的13个鸟类栖息地，供读者朋友赴约，一起撞入鸟语花香的季节。

我很敬佩一位执着、敬业的拍鸟人林文德。作为一位退休的银行行长，他从一窍不通的“菜鸟”成功转型为拍鸟大师，一本摄影集《鸟影》捧在手里沉甸甸的，倾注了几多辛劳。他拍摄了280多种鸟儿的美图，绚丽的色彩源自天赐，婀娜的姿态令人艳羡，我仿佛听到它们天籁般婉转的鸣唱。待到春暖花开，我一定要跟老林去感受拍鸟的乐趣。

260

被列为世界最高级别“极危生物”的“水中大熊猫”桃花水母，纷纷相聚开化钱江源国家公园水域。它们对环境和水质的要求极高。16年前，开化多地发现了这种6.5亿年前就有的“活化石”。全球只有11种桃花水母，除日本伊势、英国索川外，其余9种都在中国。

261

响春底村，因鱼而美，因鱼而兴。

水质清澈、温度适宜的乌溪江水，孕育着一个“黑色黄金库”。这里有亚洲最大、世界第三的鲟鱼鱼子酱加工中心，年产20多吨鱼子酱，产品出口美国、日本、欧盟、阿联酋等国家和地区。我尝过鲟鱼，感觉有点粗糙，口感一般。内行人答曰，这是因为鲟鱼妈妈把精华都倾注到鱼子里了。鱼子酱一直享有“黑色黄金”的美称，每公斤售价1万元到4万元。哦，假如一小勺“黑黄金”入口，得吃掉多少人民币？

262

开化人骄傲地告诉我：开化青蛳对生存环境的要求特别高，睡的是石板床，喝的是矿泉水，吃的是螺旋藻……开化青蛳也因此被称为“盘中明珠”。上了《舌尖上的中国 2》后，青蛳名气大增，身价陡升。来小溪里摸青蛳的人越来越多，引来“吃货”们竞相品尝，大有“不尝青蛳未到过开化”的迫切。

上过《舌尖上的中国 2》的开化青蛳

263

钱江源头深山老林、流泉深涧中，生活着著名的山珍——石蛙。相比青蛳，我更爱它。20 世纪 90 年代，我的同事晋军去开化开展与百姓心连心活动，为期一周，除了早饭，山民顿顿用石蛙招待他，这也成了他念念不忘的往事。我和同事下乡到开化的联系村东坑口，衢籍著名作家徐锦庚的报告文学《懒汉治村》中的“懒汉”书记有时会用大盆石蛙款待我们，那个鲜嫩爽口，十足是清凉消暑去火的极品啊！

264

你说奇不奇？水至清，则有鱼。清水鱼，仅开化有。特别是何田乡，让人马上联想到“江南可采莲，莲叶何田田”。与诗意何田一样耐人寻味的，是村民家流水坑塘里的那一群群清水鱼。何田至今流传着一句俗语：“山坞里，没好菜，抓条活鱼把客待！”上桌的鱼每每用脸盆盛，主人会劝你吃个饱。

265

引来一泓泉，垒造一口塘，养好一条鱼。这条从开化钱江源深山里游来的鱼，待在专用港，住着大氧吧，喝着山泉水，吃着有机草，过着慢生活，每条鱼养殖时间长达 4 年。明代，农民就利用门前屋后流过的山泉水挖坑筑塘，引水养鱼，这种古法生态养殖模式延续 600 多年。清水鱼真是一条有历史、有故事、有文化、有传承的网红鱼。

20 世纪末，我第一次去何田，别人忙着敬酒，我却一声不吭，一口气吃了三碗晶莹雪白、带有紫苏清香的清水鱼。我非饕餮之徒，却因此落得个“三大碗”的名头。不能怪我贪吃，实在是因为清水鱼汤鲜肉嫩。听说现在推出十二鱼宴，我又蠢蠢欲动了。

266

衢州人喜欢将四季鲜花入菜。选择没有花托的雄性南瓜花，裹上面粉，油里一炸，撒上椒盐粉，金黄迷人，外松里香。淡紫色的木槿花炖排骨，汤鲜美无比，花入口即化。嫩黄色的茉莉花炒鸡蛋，芳香中有一丝绵柔。金灿灿的金针花，清炒或炖汤，把盛夏的味道留于心间。据说它别名叫忘忧草，吃了可安神。别以为衢州人只会吃些下里巴人的东西，还有一道传统的农家菜——炒栀子花，相当的阳春白雪，花儿放入开水中一焯，用蒜泥一炒，吃起来满口清香。

267

树叶，在衢州摇身一变也成了美食。

每年的谷雨前后，香椿蓬勃发芽。水灵灵的香椿苗经巧妇烹饪，制成一盘盘凉拌香椿芽、香椿拌豆腐、香椿苗炸鱼等等，而最最平常又味美的一道菜莫过于香椿头炒鸡蛋。

每到四月初八“开秧门”前夕，农妇们采来南烛叶，捣汁浸泡大米后蒸熟，便是香喷喷的乌米饭。据说吃了乌米饭，强身健体，百病不生，蚊子不叮咬。衢州有家“东方魔境”餐厅专门开发了系列美食，有几十道之多：竹筒乌饭、乌饭发糕、乌饭米酒……

7 月里，江郎山下的山民们会采摘二翅六道木的叶子带回家。经过搓叶、捣浆、滤汁后凝固成形，就是神仙豆腐，它散发着来自旧时光的淡淡青草味儿，有清热、解毒、消暑的良效。我吃过一次，从此铭记在心。

衢州还有苦丁茶树，苦丁茶有清热解暑、明目益智、降压减肥等功效。

268

每年三四月，一大波春季时令美食如约而至，请你来衢州咬一口春天的味道吧！春笋、香椿、野水芹、荠菜、细毛葱、荞头、蕨菜、地衣、芝麻叶、马兰头、观音菜……每一样清新爽口的春鲜，都是春天的滋味，什么苦笋熘酸菜、香椿炒鸡蛋、野水芹炒春笋、荠菜春卷、凉拌芝麻叶、马兰头炒咸肉香干丁、蒜泥炒观音菜、野葱炒鸡蛋、蕨菜炒腊肉，面对大自然的慷慨馈赠，来衢州开启味蕾的灿烂春光，沉醉于一场“吃草”的狂欢吧！

269

身处一座天然的中草药宝库之中，衢州人特别喜欢药膳。

夏天一到，用山栀子花根炖小公鸡，最好是当年刚打鸣、一斤重、没被阉割的小公鸡，不仅清热泻火，据说还特别补。男孩子长到十二三岁正是发育的时候，民间叫长性，给他们吃山栀子花根炖鸡是衢州普遍的习俗。

烧鱼、炒青蛳，以紫苏叶为作料，解表、散寒、抗菌、去腥，紫苏散发出的是故乡的味道。

衢州漫山遍野都是金银花，春天采来晒干，夏天可作为清凉解毒的饮品。民间夏季还有把野山楂晾干泡茶的习惯，消食、解渴、健胃。

开化菜香飘四方，有赖于优良的环境、丰富的食材，还有长期积累的药膳元素，开化人雄心勃勃，正在打造中国第九大菜系。看看这些菜名，什么山楂清水鱼片、山药鸽子汤、枸杞炖猪肝、板蓝根猪蹄汤、山药芡实排骨汤、黄芪牛肉汤，讲究的就是养生。

270

衢州人称，我们之所以普遍长寿，与食药鸡是分不开的。衢州人喜欢以中草药配制食物调料，甚至将人参、蜂王浆、灵芝、香草等拌入鸡饲料，养成药鸡。如今，又有人参照药鸡秘籍，以 28 味药食一体的中药材，经过蒸、煮、卤等 20 多道工序精制成一种绝对可与周黑鸭媲美，飞遍神州的“不老神鸡”，堪称中华美食中的“战斗鸡”。

271

硒是一种多功能的生命营养素。中国富硒宝地龙游的富硒莲子也是一绝。横山镇天池村、志棠村，赏莲，采莲蓬，剥莲子，酿莲子酒——一朵莲花已形成一条完整的产业链。莲房煮茶可预防糖尿病，莲子是药食同源的食品，莲心具有清心安神、交通心肾等功效。总之，莲全身是宝，鼓了村民钱袋子。勤劳智慧的农民种植、研发了很多绿色富硒的农产品，如富硒大米、富硒莲子，酿制的富硒莲子酒“硒莲液”还曾亮相人民大会堂。

272

衢州人对橘子喜爱到不容一点浪费，就连橘皮都要做成酱。橘皮酱是衢州人深爱的调味品，做菜时加一勺，菜的味道立马提升。衢州橘皮杠酱、陈皮炖红烧肉，满满都是妈妈的味道啊！香抛（又名香泡，学名香橼）好吃，酱爆香抛壳也是衢州一道传统好菜。将香抛壳削去外皮，焯水后浸泡去苦涩味，用肉末、辣酱、蒜泥爆炒，格外清香爽口。香抛壳做的豆豉，鲜辣筋道，让人嚼出满嘴香辣。

273

这是啥样的水土呀?！只能理解成衢州有着不一样的人间烟火。别处的苦瓜是绿色的，唯独衢州的苦瓜是白色的。别处的辣椒有红有绿，这里的辣椒竟然还有白色的。这里的白毛乌骨鸡，骨头是乌黑的，肉质格外香醇，炖汤口感奇好。廿八都古镇的山药，长得曲里拐弯的，不像别处笔直笔直的铁棍山药，口感像荸荠，特别爽脆。

274

早起的鸟儿有虫吃，在衢州不用早起就有虫吃。只要到农村或林区，常常能吃到各种虫子。我在连云港吃过豆丹，而平生第一次吃竹虫，是在龙游溪口。还有几次，吃到背着小房子的人工养殖的蜗牛，做法和衢州家常的田螺煲差不多。

275

衢州农家喜欢自晒各种绿色蔬菜，纯天然脱水好保存。什么苋菜、莴笋、萝卜、黄瓜、白菜、冬瓜、野葱、笋豆，统统可以晒干。到了农家乐，这些菜干和腊肉一炖一炒，Q弹有嚼劲，在相对缺少蔬菜的冬天别提有多好吃了。

276

开化的晒秋节，极有趣。别人晒车晒房晒存款，不稀罕。开化人随便晒个秋，就惊艳四方……更令人想不到的是，这种山民晾晒农作物的特殊生活方式和场景，逐步成了作家、画家、摄影家追逐创作的素材。特别是村民出门不用锁门的长虹乡高田坑村，至今保留着20世纪风格的88幢完整的黄泥屋，是一个真正的隐藏于群山深处的世外桃源，也让晒秋演变成乡村旅游提升的金名片。除了文艺家，古村落还经常迎来天文爱好者，他们在山顶暗夜星空展示馆仰望星空，观美丽银河，看流星漫天散落，度过一个个浪漫的夜晚。

277

来衢州吧，做朋友圈最靓的“营”家！春末夏初，正是最适合露营之时。携三五好友去露营、踏青，看日出、望星空，人间快意，不过如此！帐篷、草地、篝火、星河……每一个元素，都让人联想到生活的醉人滋味。露营不一定要跋山涉水去远方,衢州就有静禾青野营地、诗画风光带景区(衢江段)黄甲山花园驿站、六春湖露营基地等绝美营地。

278

衢州深山林区的山民也晒春,他们晒的是春笋。那些春笋挖来以后,煮熟,有些做罐头笋,更多的晒成笋干。用世间最鲜美的绿色食材笋干来炖鸭、烧肉、煲汤,炒青椒、炒香干、炒肉丝,铺在酷糕上,塞进馒头里,怎么烧都好吃,是许多衢州人难忘的家乡味道。

279

竹笋被誉为"菜王",衢州民间烧法不下百种。把笋的根部稍老一些的切成大块,加入花椒、红辣椒、茴香、桂皮、八角、香叶红烧,味道赛过红烧肉。嫩笋尖和雪菜搭配已是不错的选择,若佐以咸肉、子排做成腌笃鲜,更是鲜美无比。油焖笋爽得非常"煞饭"(衢州方言,意为下饭)。把笋切成小块,和黄豆一起煮熟,晒到八成干,便成了笋豆,这是春天里最鲜美的零嘴了。衢州人好口福,与翠竹相伴,毛笋、雷笋、冬笋、春笋、鞭笋、红壳笋、野山笋……虽然傻傻分不清,但不妨碍衢州人将以笋为原料的美食通通盛进四季的菜盘。

280

衢州的豆腐没有一点豆腥气,好吃极了。衢州人喜欢吃豆腐,豆腐可以变出很多花样,有泥鳅炖豆腐、神仙豆腐、白辣椒炒豆腐、毛豆腐、油豆腐、菱角豆腐,还有臭豆腐、霉豆腐。配上小小一碟霉豆腐,可以吃下两碗饭。网络红人花千芳赞道:“那是因为衢州的水太好了,豆腐才会如此鲜嫩!”我喜欢我们的新闻观察点开化东坑口的青菜豆腐煲,将农家自制豆腐煮到空、浮、洞,再放入碧绿的青菜,翡翠白玉,一清二白,热乎清爽,谁说不是冬天里的人间至味啊!

281

常山球川是“浙西豆腐第一镇”,镇里的豆腐加工户除了磨豆使用机器外,其余工序全部手工完成,你看那些豆腐灶、沥浆架、榨架、豆腐架,都有些年头了。

莫道豆腐平常菜,大厨烹成席上珍。开化千年古镇马金至今仍保留着传统的豆腐制作工艺,最关键的是将醋倒入豆浆。手工磨豆腐、煮豆腐、点豆腐、压豆腐、烘豆腐干等传统豆腐工艺,老祖宗的手艺一样都不能丢。一块块普通的豆腐经过精心烹调并被赋予诗意的名字,听后脑海中闪现的全是“珍馐美味”“玉盘珍馐”之类令人垂涎欲滴的词儿。

282

廿八都豆腐是麦家老师的最爱，他能一口气连吃三碗。这佳肴又叫风炉仔豆腐，因为炖着这锅豆腐煲的是泥制的“风炉仔”。泥炉中间搁着烧红了的炭火，上面安放陶锅，文火慢炖，豆腐才能慢慢入味。烤红的木炭，醇香的豆腐，汤汁里浸透了排骨、冬笋的鲜香。奇的是，无论冬夏，豆腐都这么炖着吃，陶锅不走味，泥炉不上火。好久没去廿八都了，很想念那座古镇，多半是因为想念“风炉仔”了。

廿八都风炉仔豆腐

283

衢州人烧泥鳅是从不开膛破肚的。有一道菜叫泥鳅炖黄瓜，虽然接近于乱炖，但味道真是出奇的赞。衢州的鱼庄还有一道鲇鱼炖黄瓜，也好吃得一塌糊涂。衢州人做啥都讲规矩，但在饮食上是不大讲规矩的，在美食上常常脑洞大开。

284

诗人舒婷在描写衢州的文章中说：山间所食，不外山猪、石蛙、野兔，却有一味“地老虎”被山民力荐，说大补。问：穿山甲？刺猬？獾？皆否。只说其夏食竹根冬食老鼠，深匿地洞，浑身乌黑，状极肖猪。众人大啖，讨论许久，不得其详。

带着这个疑问，我多方查阅资料，现将收获与大家分享：所谓地老虎，其实就是竹鼠，栖息于森林、灌木丛和竹林中。

285

以开化整个县域为范围的钱江源国家公园，坐落于神秘的北纬30°附近，生物资源丰富，被称为“保存生物物种的天然基因库”。

核心区古田山国家级自然保护区，先后用“森林中特殊的眼睛”——红外相机，监测和拍摄到：黑熊活体，新物种蚁墙蜂（全球首次发现），世界易危鸟种、国家二级保护动物仙八色鸫，中华鬣羚，白鹇，身穿“黄马褂”的新记录物种、国家二级保护动物黄喉貂。这里还是国家一级保护野生动物黑麂、白颈长尾雉最重要的集中分布地……在这里，不同种类的动物和谐相处，让我们迟早能够解读大自然的神奇密码。

286

古田山里有白鹇。它是国家二级保护动物，自古即为名贵的观赏鸟。我去过古田山多次，对它深一度的了解却来自北京的媒体同行、摄影大师邵世宏。他曾经走遍五大洲，坐着直升机拍摄非洲大草原上的珍禽异兽。有一次，他从武夷山来衢州，我以为他是来看我的，岂料他是冲着白鹇而来。呵呵！

287

张岱在《夜航船》里说，把人的头发挂在果树上，鸟雀就不敢吃树上的果子了；惊蛰这一天，用灰洒在门外，虫蚁就不来了……呵呵，那是明朝人记录的事儿，我有点不相信。但开化山民的智慧，我还是佩服的，他们用《最炫民族风》赶跑野猪。

衢州生态之好，一度好到野猪横行成灾，它们摧毁庄稼，村民却拿它们没办法。“什么样的节奏是最呀最摇摆？”开化大埂村，田间地头一度流行播放《最炫民族风》。是为跳广场舞吗？不！赶野猪！有村民说，放鞭炮也赶不走野猪，但用《最炫民族风》循环播放，奏效！于是，全村效仿。网友神评：凤凰传奇的歌声果然了得，已经在动物界传唱。现在的野猪跟不上时代的潮流了啊！要是放龚琳娜的歌如《忐忑》之类的，估计野猪都疯了。

288

每年秋季，一年一度的“三山”艺术节都会如期举办。我把它看成四省边际的睦邻节，1986年由江西省玉山县倡议发起，与衢州的常山县、江山市轮流举办。连续30多届“三山”艺术节，让边界特色多元文化得以传播和交流。

289

衢州城区现存建筑，风格多元：有清代保存至今的传统建筑，有仿传统的徽派建筑，有现代与传统相结合的建筑，有现代建筑，还有通俗建筑和模仿建筑。

一直以来，因为衢州是战略要地、军事前线，城市建设必须限高，衢州的天际线不高，衢州人从来没有生活在“水泥森林”里的感觉。

身在浙江，衢州却满城都是白墙黛瓦的徽派建筑。到了衢州乡村，有时会误以为自己到了徽州乡间。大概是因为衢州地处浙闽皖赣边际中心，受徽派文化影响之故。

所以领导、专家说了，自然生态才是我们这座城市最大的特色魅力所在。尊重和善待城市老建筑，我们的城市还有很多留空留白，我们的建筑总体上还是以低层为主，城市气质也因此愈加独特。

放眼衢州,满目尽是徽派建筑

290

有外地作家说,不要觉得衢州人是山哈人,都是现实主义者,其实衢州人内心还是很浪漫的,你看,衢州饭店的房卡上写的就是一行充满浪漫主义色彩的文字:一个可以让心灵散步的地方。衢州人的灵魂中,都有一座安稳的靠山,唯有书山是靠山。衢州建起了40多家南孔书屋,打造城区15分钟“阅读圈”,被誉为“阅读充电站”。阅读是衢州人对文化最崇高的致敬。麦家说:读书就是回家。世界很大,但书最大。我是“麦片”,他的话,我当作真理。

291

内外兼修、华丽归来的衢州书城，颜值“亮瞎”了我的双眼，它还变得更“聪明”了。全省第一家新华体系下的智慧书城，书幕是核心设备，全省第一台。我们衢报传媒集团最喜欢和他们联办读书沙龙、分享会。哪个作家和读者不喜欢去这么高大上的智慧型书店呢？

292

衢州乡下有一句古话：三锄头一穗粟。“我非常怀念故乡的水碓、祠堂、古桥、旧农具等，灿烂的农耕文化是衢州人文基础。”衢籍学者叶廷芳先生如是说。衢州先民靠勤劳的双手耕出了丰衣足食，造出了具有三衢特色的建筑和村落，更留下了丰富多彩、魅力无穷的文化艺术。

农耕文化博物馆在衢州遍地开花。人力打谷机、清秕谷与糠的风车、翻田用的耙、耕田用的犁、滚耙、谷扇、谷桶、雨天的蓑衣、旧时女子的手工纺车……农具、用具、匠具，春播、夏耘、秋收、冬藏，室内、室外，木、篾、箍……每每下乡，我最喜欢去逛农耕文化博物馆。这一切，仿佛向我展示了一幅近代浙西农耕文化的四季全景图。

293

2009 年，江山创造性地提出创建“中国幸福乡村”的战略构想。江山大地率先响起嘹亮村歌，村歌唱响幸福生活。村民自编自导自演村歌晒幸福，江山被授予“中国村歌发祥地”荣誉称号，全市已建成农村文化礼堂200多家，创作村歌200多首，村歌文化成为江山的“金名片”。江山通过写村歌、唱村歌、秀村歌，把村歌文化转变为村歌经济。

江山村歌唱进了浙江省人民大会堂、北京人民大会堂。村民们白天在田间劳作，晚上在舞台上唱歌，用歌声唱出对美好生活的向往。他们的歌声也许不是那么专业，却宛若天籁，特别动听。浙江省委原书记夏宝龙动情地说：“这是我听到过的中国最美声音！”

在“中国村歌的发祥地”江山大陈村村支书汪衍君的眼里，“妈妈的那碗大陈面”不只是一碗600多年“高龄”的汤面，还是一座三百年古宗祠、一首村歌、一条小吃街、两场舞台戏。他带领村民自编自导自演了两场好戏——实景剧《你好江山》和音乐剧《大陈见面》，短时间内已吸引游客约1.8万人次，为村集体增收110万元，过夜游客都增加了不少。

800多年前，南宋诗人杨万里曾在旅途中作诗咏叹“村歌社舞更风流”，倘若他能够穿越到今天，一定会沉醉在美丽江山的村歌社舞中……

294

江山有个“哲学村”——勤俭村。20世纪六七十年代，村支书姜汝旺带领一批“红脚梗”（方言，指体力劳动者、农民）喊出了“种田人就是能学好用好哲学”的豪言壮语，用爆款引领潮流……全国有10多万人先后来到勤俭村参观学习，浙赣铁路有个四等小站——毛家仓火车站，也经常有载着前来学习的人的火车临时停靠。这个“中国农民哲学村”名噪一时，号称“北有大寨，南有勤俭”，成了一个时代的标志。

老支书姜汝旺是衢州真正见过世面的人物，他应邀进京，受到邓颖超接见。他给美国名记者斯诺介绍浙江农村的情况。他走进人民大会堂，给中央的高级干部、北京的知识分子和外国政要讲学哲学用哲学的体会，华国锋、乔冠华等中央高层领导都听过他的汇报。

哲学永远不会过时。现在勤俭村里有许多墙绘，“毛毛雨湿衣裳，不小心上大当”“大石头离开小石头砌不成墙”等富有哲理的句子，为这个小村庄平添了别样的氛围。走进村文化礼堂，你会看到获得毛泽东赞誉的反映农民学哲学的越剧电影《半篮花生》。耄耋之年的姜汝旺平静地生活在勤俭村，加入了镇“老娘舅工作室”，继续用哲学思想为村民排忧解难，发挥余热。

295

人民网官方微博推送了衢州姑娘周迅讲述的关于家乡的年俗年味儿的消息：“我的家乡是衢州，衢州人在过年的时候都会酿米酒、蒸发糕、压冻糖，也会包粽子。一口粽子一碗米酒，我家的年味儿就浓了。过年的时候，我们从小时候开始就会穿新衣服，点灯笼，收压岁钱，放小炮仗……”

在某美食推广活动现场，主办方播放一段各地美食的纪录片，其中便有衢州的龙游发糕，见此，年少离家的周迅潸然泪下。

衢籍青年作家周华诚说，衢州人过年是有仪式感的，有套路，要不然总感觉缺少年味。腊月里，随着杀年猪的欢乐和闹腾，乡村的年味浓起来了。做冻米糖的夜晚，连空气都是甜滋滋的……

296

衢州人真正的春天，从三月采艾开始。艾的清香一直飘荡在衢州民间的食谱中。衢州人清明必吃的清明粿，就是加入艾草做成的，按馅料分为咸粿、酱粿、甜粿三种。衢州人最爱包咸粿，猪肉末、雪菜、春笋丁为馅，别提有多好吃了。

清明时节，常山县东案乡金源村家家户户都会制作"清明泪"。为纪念祖先王介，村人把米粉搓成圆圆小小形如泪滴的点心，只在清明节制作食用。"清明泪"蒸熟后像一颗颗晶莹剔透的玉珠，吃到嘴里清香滑糯。小小的"清明泪"不仅是一道美食，更蕴含着千年文化。

297

每年谷雨日，吃谷雨饭，尝谷雨蛋，衢江区全旺镇的百姓都会自发组织举办始于明代、盛于清代的"谷雨祭牛"，热热闹闹地给牛王筹备祭祀活动。村民带着满满的诚意走向牛大王庙，点牛数，献祭品，恭请牛大王检阅。这一刻，牛，最牛！

谷雨祭牛

298

端午是衢州人颇为重视的节日，要吃“五黄”，挂艾草。传统的“五黄”即黄鳝、黄鱼、黄瓜、咸蛋黄和雄黄酒。衢州的小孩还有穿肚兜、戴斗笠的习俗。相传，小神仙王志池塘斩蛟那天正好是端午节。为纪念勇敢的王志，每逢端午节衢州人就把自己的孩子打扮成王志的模样，久而久之便演化为衢州民俗。

端午"五黄"

299

衢报作者何梅容至今记得,每逢立秋,乡下便会迎来"摸秋"的狂欢。众人趁着夜色,摸进田地,摘瓜摘果。"偷"来南瓜,送给孕妇,谓"送子"。若想生女,就去"偷"状如蛾眉的扁豆。如是白扁豆,则象征着夫妻白头到老,寓意吉祥。兴高采烈之际,大伙儿有的是力气,"偷"来毛豆、玉米、花生,搂来干草,燃起一堆火,将其全部烧熟落肚。

300

七月半在衢州很重要,有不少地方要做酯糕(又名"气糕")。衢州古来多战事、灾荒、变故，衢州人上坟比别处更频繁。除了清明，七月半、冬至，还有春节，都要上坟烧点纸钱给老祖宗。跟别处不同的是，衢州人一般中午才去上坟，上午是不去惊扰祖先的。

301

衢州人对中秋节情有独钟，舞草龙、戏龙珠、打中秋包、中秋吃鱼等习俗在乡村广为流传。开化被列为浙江省民族传统节日（中秋节）保护示范地。苏庄香火草龙最为讲究和壮观，被列入第三批国家级非物质文化遗产项目，它与海宁观潮、西湖赏月并称为我国中秋节的标志。

302

江山市大山深处的张村乡琚源村，一直有着传承几百年的特殊风俗：中秋之夜，全村男女老少都要给本村已婚未育的新人“偷倪”（倪，衢州方言，意为小孩）。就是到别人的庄稼地里，挑长势最好的一棵拔起来，连根带泥往新人的床上一扔。主人早早敞开大门，点亮油灯，喜气洋洋地迎接“偷倪”的乡邻。给大人们来一小碗面条，给小孩零食。如果村里有好几户人家需要“偷倪”，乡邻们就挨家挨户上门，直到每家都去过才算过完中秋节。现在，这个风俗依然存在，但“偷倪”的人们都拔自己地里最好的庄稼了，连根带泥的庄稼是放到新人的房间里而不是扔到床上了。

303

过去，在衢州农村，家长喜欢为孩子取类似小狗小猫的贱名，他们认为这样做孩子会好带些，长得快些。假如家有小孩“吵夜”，大人会请识字先生在红纸上写：“天皇皇，地皇皇，我家有个夜哭郎，过路君子读一遍，一觉睡到大天光。”然后把红字条贴到厕所或路边墙上。虽然此招没有科学依据，却延续了不知多少年。

天皇皇，地皇皇，我家有个夜哭郎

304

重阳节，衢州人要登高、饮酒。衢北一带，每年农历九月初六至九月廿八，家家户户都要过重阳，别有一番风情，除了祭祀、拜佛、演戏，最热闹的是宴请宾朋。村民会邀请亲朋好友来家做客，出嫁的女儿必须回来看望父母。不管熟悉不熟悉，人们都相互串门，主人对所有来宾热诚款待。民间有种说法，来客越多，来年家里越兴旺。

305

冬至是个非常重要的节日，在老衢州口中都有“冬至大如年”或“冬至大于年”的说法，这一天还有“有的吃，吃一夜，没的吃，冻一夜”的俗语。“邋遢冬至干净年，干净冬至邋遢年”，旧时要预知过年的天气，就得看冬至。不过，专家表示，这说法的可靠度只有50％。

306

衢州与安徽、江西、福建接壤，南来北往之人甚多，南腔北音在此交融。盛行于金华、衢州等地的乡村，让无数人如痴如醉，俗称金华戏的婺剧，真的不可小视，她竟是国粹京剧之祖先。婺剧起源于明中叶，迄今已有五六百年历史。婺剧还是徽戏在徽班进京前向南流入的一支，也是中国戏曲舞台保留徽戏剧目与资料最多、最完整的剧种之一。不过，“婺剧”这个名称只有60多年历史。关于婺剧的得名缘由，浙师大教授、《婺剧简史》作者洪波先生是这么解释的：金华戏发源于江西婺源，清代流入金华一带，而金华古称婺州，于是将金华的金华戏和乱弹班等剧种合称为婺剧。

307

为做戏曲史田野调查，洪波踏遍了当时金华下辖的13个县，访问了860余位老艺人。在江山市廿八都镇水星殿古戏台，他有了惊人的发现：《僧尼会》《貂蝉拜月》等20幅古朴斑斓、栩栩如生的婺剧壁画！这些壁画被《中国戏曲志·浙江卷》美术编审乐国庆等专家确定为“最有历史价值、最精美的浙江戏曲壁画”，“不仅是中国绘画的国宝，也是世界美术的精品，可与西方文艺复兴时期的壁画媲美”。

洪波先生提示我和读者：中国历史上五大戏曲名人汤显祖、屠隆、徐渭、李渔和洪昇先后到过衢州居住、游历、写作，大大推动了衢州戏剧发展，我们后人应该珍惜这些宝贵的遗产。

308

李渔的传奇作品《比目鱼》的素材来自衢州。《比目鱼》第二出《耳热》中写了衢州的烂柯山和九龙山。戏中的唱腔曲牌，体现了西安高腔“一唱众和”的帮腔形式。他笔下的大班“舞霓班”和小班“玉笋班”，是明末清初衢州高腔班的缩影。李渔的《比目鱼》《风筝误》《奈何天》等剧目是衢州旧时戏班在迎神赛会、佛像开光仪式等重大活动中必演之戏，深受百姓喜爱。衢州曾有一句俗语赞美李渔：“天妃宫月月《风筝误》，周王庙旬旬《比目鱼》。”

309

衢州有一种婺剧流派叫西安高腔，被列入第一批国家级“非遗”名录。明嘉靖年间，江西弋阳腔传入衢州。此腔无曲，只沿土俗，十分自由，与衢州土生土长的民间说唱一拍即合，遂成西安高腔。婺剧在衢州兴起，还兼有道情、滩簧等曲艺形式，最热闹时，村村演戏、逢节演戏、人人看戏。台上演员唱得声情并茂、高亢悠远，台下观众看得酣畅淋漓、心潮激荡。

传说乾隆下江南时，在航埠伸手摘橘，触犯乡规，留下了“乾隆罚戏”的传说，可见衢州百姓好戏之风，而且比罚酒肉罚游街要高雅许多。

310

出生于1918年的国家级“非遗”传承人、西安高腔“活化石”严帮镇，16岁开始学唱西安高腔，一直唱到87岁。他能同时演奏锣、鼓、二胡等13种乐器，集吹、拉、弹、唱于一身，堪称“一个人演出一台戏”。他传授教唱的西安高腔爱好者逾千人。

西安高腔"活化石"严帮镇

311

建团 60 多年的衢州婺剧团，在改革中转型为西安高腔传习所。现在是我国唯一继承和发展"衢州西安高腔"的剧团，在全国也有一定的影响力。剧团推出的《女皇错断梨花案》被中央新闻纪录电影制片厂拍摄成戏曲片，《忠壮公徐徽言》《东南阙里》《橘红满山香》等剧获浙江省"五个一"工程奖等奖项。演员们唱着带有橘香的高腔赴新加坡、西班牙等国演出，又在我国台湾刮起"衢州风"。

312

江山婺剧团也很有来历,国家级“非遗”江山婺剧是婺剧的主要分支。在江山婺剧团辉煌的履历表上,最有意思的是,1958 年,一位江山姑娘虎口救人,他们以此为素材创作了婺剧《松林斗虎》,被选拔上北京参加国庆 10 周年庆典演出,还被中央新闻纪录电影制片厂拍成艺术纪录片在全国上映。难以想象,当时可真是原生态,连老虎都有啊!

意大利歌剧闻名世界,婺剧也有着数百年的历史,“米兰中国文化周”搭建起中国江山戏剧和意大利歌剧文化交流的桥梁。江山婺剧专场在有着 140 多年历史的意大利达威玛剧院上演,为洋观众带去了一场极致的视听盛宴。

313

江山婺剧有许多特技,所谓的绝活真是绝了!

我采访时第一次听洪波先生说,婺剧也有变脸,可与川剧变脸媲美。与川剧变脸的华丽惊艳表演不同,婺剧的变脸是为情节而生,在整个剧目表演中起到画龙点睛的作用。《火烧子都》是婺剧变脸的经典折子。

脸变苍白,口吐獠牙!这不是魔幻剧,而是一门藏在江山婺剧团的绝技——耍牙。耍牙在全国剧种中罕见,动作变化多端,突出刻画人物的凶恶狰狞。如今,耍的牙也很难找,要么采用野猪獠牙,要么采用 175 公斤以上公猪的牙。

314

常山喝彩歌谣是国家级“非遗”，有着 400 多年的历史，一般在上梁、结婚、祝寿、春种、秋收、开业等节点演唱。主要是图个吉利、热闹、喜庆，也运用到百姓生活的方方面面，常山县已经整理出彩词 1000 多条，还评选出一批喝彩师。

常山喝彩歌谣第六代传承人曾令兵，老家在常山县招贤镇古县村，村里还出过影视明星邓英。老曾花了 3 年时间，自编、自绘、创作整理了连环画《喝彩歌谣代代传》，成为常山喝彩歌谣培训班入门教材。常山作协原主席连中福编著的《为常山喝彩》获浙江省首届“非遗”“十佳百优”图书，衢州作家周新华创作的长篇小说《喝彩师》获衢州市文艺精品“南孔奖”。

315

“山歌都是心中出，哪用船装水载来。”衢州民歌旋律舒展、音调自由，和江西、福建山歌极为相似。衢州民歌中，真挚的爱情是不老的乐章，“无郎无姐不成歌”。开化挖掘了“江南最长的民歌”《九娘歌》，81 节，312 句，完整地叙述了一个曲折而动人的爱情故事。专家说，这样长而完整的叙事诗在江南不多见，将其评为浙江省“非遗”普查“十大新发现”之一。

316

一曲衢州民歌《绣花鞋》,唤醒了观众的耳朵,还入选"寻找最美丽的歌声——浙江省最具地域特色的代表性民歌"。《绣花鞋》于20世纪50年代采自衢县的岭头乡,最初只是茶灯戏的一部分,1959年被重新创作编排后登台亮相,叫好又叫座,从县里唱到地区,最后由省歌舞团唱到了北京,作为国庆10周年献礼节目,还被灌制成唱片和磁带。

317

千百年来,绿色生态与钱塘江源头文化一样源远流长。尤其是上游开化人以山水为邻居,视树木为伙伴。开化乡野间多的是刻有"封山、禁渔、禁采矿"的石碑,村规民约很是严格。很多村庄用原始的方法维系着生态平衡,春节期间有苏庄草龙、保苗节、跳马灯、长虹布龙、音坑板凳龙。平常有禁山节、封山节、开镰节、禁渔节、拜谷神、拜村神、拜灶君、做四福、伐木祭山神、开秧节、华埠开船节、三月三庙会、七月十八丰收节等多彩独特的民俗风情。真是令人眼花缭乱,应接不暇。

318

唐代文学家李华称道衢州"俗尚文学,有古遗风"。衢州历代艺文成就最突出的是诗词，尤其是宋词，衢州人曾潇洒地占有重要的一席之地。宋徽宗设置大晟府，掌乐律，周邦彦等10位著名词人曾在此供职，其中徐伸、江汉2位是衢州人。赵抃、毛滂、徐伸、江汉等10多位衢州作家的作品被收入《全宋词》。

319

衢州古代虽未出过一流诗人，也无多少杰作流芳百世，但衢州诗歌在规模上创了纪录。宋代卢襄大胆突破五言、七言常规，炮制过九言律诗，为现存最早的典范。他和好友冯熙载分别写出了44句和68句的单篇长诗，创古代咏烂柯山诗歌之最。唐宋诗歌中超过千字的很少，只有白居易的《游悟真寺诗》和杜甫的《秋日夔府咏怀》2首，而明朝诗人、衢州人何恭写的最长的诗篇达到200句1400字。

320

衢州书画源远流长，作品峥嵘毓秀，有近10件国宝级珍品深藏于故宫博物院。纽约大都会博物馆珍藏着《百牛图》，作者是南宋大名鼎鼎的衢州画家江参。其父江大方侨寓镇江多年，去世后葬于丹徒釜鼎山下，有人便称其为镇江人。江参一生游历江湖，曾作客湖州，又有人误认他为湖州一带人。他的画作遗墨“几与隋珠赵璧争价”，传世作品《千里江山图》藏于台北“故宫博物院”，还有一幅气吞山河的《长江图》，画上历代题诗者竟有数十人之多。而北宋画家王希孟18岁时创作的同名画作《千里江山图》倒是因2021年8月推出的舞蹈诗剧《只此青绿》而惊艳了世界，颇有意思！

321

因《富春山居图》闻名遐迩的我国元代著名画家黄公望，里籍是否衢州？当代学者寿勤泽先生在《丹青圣手——黄公望、王蒙、吴镇传》中披露，有“常熟说、富阳说、衢州说”等N种可能。董其昌《画禅室随笔》中称黄公望为衢州人。黄公望代表作之一《九峰雪霁图》，画的就是隆冬时节的龙游龙丘山。若一代大师真与衢州有缘，当是衢州之幸事。

322

元代衢人颜辉，善画道释人物，作品流传日本较多，获评甚高，对日本室町时代的绘画有较大影响，传世之作有《钟馗雨夜出游图》《蛤蟆仙人像》等。藏于故宫博物院的《李铁拐像》、藏于日本京都博物馆的《李仙像》画出了仙人不凡的气质。他被誉为比法国罗丹还要早600年的“思想者”。

323

元代金石学家、印学鼻祖吾丘衍（一作吾衍）是开化人。他曾侨寓杭州，与赵孟頫过从甚密。他“通经史百家言，工篆隶，谙音律”，所著《学古编》是我国最早研究印学理论的著述，印学界赞其为“起八代之衰”“印人柱石”。开化作家孙红旗激情创作的有关吾丘衍的长篇传记《印舞》已出版，并获衢州市文艺精品“南孔奖”。

324

民国时期，衢州王梦白、汪慎生以擅画花鸟而名噪京华。

王梦白作画有眼快、手快、心快“三快”之誉，他还是梅兰芳的开蒙画师，鲁迅称他为笺画高手，日本人则赞其为“中国画家第一”，与吴昌硕、齐白石、陈师曾齐名。王梦白与齐白石之间虽曾发生过不愉快的事情，但齐白石依然欣赏王梦白的作画技艺，他让三个儿子都拜王梦白为师，成为京城画坛一段珍贵佳话。惜乎王梦白英年早逝，要不然能给中国画坛留下更多宝贵财富。

2021 年 12 月，衢州作家黄材运耗费 20 多年心力撰写的《王梦白传》由人民美术出版社出版。

汪慎生于 20 世纪 50 年代赠给毛泽东的《月季》图轴，至今珍藏在中南海毛泽东故居。他在晚年所绘的山水册页《黄山雁荡纪游册》，请郭沫若写序，请邓拓、吴镜汀题跋。

325

衢州版画在中国美术史上占有一席之地。三衢大地养育了一代代版画艺术家：“新兴木刻运动”涌现沃渣和叶洛两位先驱，开衢州版画之先河；新中国成立后，涌现以周国芳、傅永达、毛翔先等为代表的中坚力量；改革开放以来，涌现以徐建文、方利民、周保平等为代表的中青年版画家。衢州还有走过 40 年历程的巨化工业版画，堪称“浙江版画的一面旗帜”。

326

过去，城里人下乡送文化、“种文化”。现在，农村人进城送文化、秀文化、“众文化”。“浙江省书法村”常山辉埠镇东乡村、东案乡金源村的农民书法家，春节进城为城里人写“福”字，一送就是 500 幅。开化农民草书家“秀”到了京城，听说还要“秀”到联合国。

327

柯城区沟溪乡余东村走来一群“田园毕加索”，喂猪的村姑、牧羊的农夫，扛得起锄头，执得了画笔，做得了农活，绘得了美丽家园。800 多人口的小村庄，书画爱好者就有 300 多人，农民画从业余创作变成文化产业，一路展到了省城、京城，走出了国门。有些以画墙画为生的资深画家，一年收入超过 20 万元。

村里建起了中国乡村美术馆，市委原书记汤飞帆说了一句非常风趣的话：“只要你导航到中国乡村美术馆，一定不会到北京，一定是到咱们柯城区沟溪乡余东村！”

余东农民画家添彩乡村

328

距离余东 3.8 千米的碗窑村，因烧窑制碗得名。曾经“被遗忘了 30 年”，终因一只“碗”的共富“窑”变，成为日益兴旺的网红村，沉寂了 40 多年的龙窑，重燃窑火，焕发生机。到村口那个标志性的大口碗里拍照留念，是游人首先必做的一件乐事。创业者、新乡人毛小军看着漂亮的墙画、红火的龙窑、如织的游人、幸福的村民，万千辛苦化作满心欢喜。

从宁波回乡创业的安冉，也将陶艺工作室设在碗窑，并陆续布点了咖啡馆、民宿、文创店……两年多来，她见证了该村从“一无所有”的“后进村”，发展成如今“碗”若新生的新晋网红村。

329

无论这文化还是那文化，都不能忽略衢州历史悠久的军事文化。《左传·哀公十三年》载："弥庸见姑蔑之旗。"此为衢州兵事见诸经传之首。别以为衢州只是个山区，实际上它处于浙闽皖赣交会处，守浙西大门，握东南锁钥，居高临下，向来为兵家必争之地，曾是全国66个军镇之一。老话说："守两浙而不守衢州，是以浙与敌也；争两浙而不争衢州，是以命与敌也。"所以，千万不要小瞧了衢州。

如今，衢州驻扎着诸多兵种，20年来连续五届获评全国双拥模范城。

330

翻开《衢州市志》"大事记"，自唐至清，除了建制更换、自然灾害及少许人文盛事之外，近百篇幅皆为战事。春秋战国至今的2700多年间，衢州曾发生数以百计的战争。公元6—19世纪近1400年间，史记衢州发生战事近50次，衢州百姓平均20多年就要经历一次血与火的洗礼。清代戏曲家、《长生殿》作者洪昇有诗句："一片夕阳横白骨，江枫红作战场花。"对衢州百姓历遭兵灾及水灾倍加同情。

331

衢州城是易守难攻的铁城，黄巢起义、方腊起义、红巾军陈友谅、耿精忠"三藩之乱"，都在这里吃了败仗，特别是太平天国的翼王石达开、侍王李世贤等，率领 20 万精锐部队，数次围攻衢州，最长的一次达半年之久，损兵折将，无功而返，“铁衢州”因此得名。

清康熙十二年(1673)，“三藩之乱”起，次年，耿精忠兵分两路，攻打衢州。浙江总督李之芳率军在衢州城下挡住了叛军的攻势，双方混战三年，大小数十战，衢州始终未被攻克。当时有一出新戏《铁柯城》，李渔还写了《督师尚书李邺园先生靖逆凯歌二十首》，皆称赞李之芳的指挥镇定和骁勇善战。李之芳出师时年逾五十，还朝时须发皆白，同僚莫不相顾叹息，康熙帝亦为之动容。

332

始建于 1933 年的衢州机场，因军民两用而有点神秘。它可能是全世界离市区最近的机场了，出租车起步价便可到达。连第一次来衢的联合国专家纳比尔・曼海姆都发现，衢州是个非常宜居的城市，从机场出发能够很快到达衢州城的每个角落。

333

美国电影《东京上空 30 秒》《决战中途岛》许多人看过，但鲜为人知的是，电影中那场“杜立特突袭”计划的降落地点就是衢州机场。1942 年 4 月 18 日，为报复日军偷袭珍珠港，美国陆军航空队杜立特率领 16 架 B－25“米切尔”型轰炸机，从大黄蜂号航空母舰上起飞，80 位勇敢的志愿飞行员直捣东京上空。由于提前起飞，飞行员们无法与衢州机场取得联系，他们的命运便与衢州紧紧相连。三衢儿女拯救美国飞行员，惊心动魄的程度堪比美国大片《拯救大兵瑞恩》。

当时，有 2 组飞行员在江山境内弃机跳伞。衢州百姓第一次遇到高个子、蓝眼睛、不会使用筷子的美国人。所幸他们即使在最偏僻的乡村，也遇上了略懂英文的教员、地方小官或军政人员。衢州军民用人力沿着崎岖的山岭把他们送到安全地带。最终，64 名幸存者中，有 51 人在衢州原空军第十三航空总站集中，后又奔赴反法西斯战场。

2022 年 4 月 18 日是“杜立特突袭”80 周年，我所在的衢报传媒集团联合相关部门和文史专家共同举办了“30 秒·80 年——‘杜立特突袭’与衢州营救”纪念活动。

334

因营救 64 名美国飞行员，中国遭日军细菌战报复，衢州有 5 万多人遇难，成为日军细菌战的重灾区，当时正在衢州求学的金庸和老师一起，含泪把染病的同学送入衢江上的隔离船。提起日本鬼子，衢州人永远恨得咬牙切齿。“最美衢州人”万少华团队长年累月地为一群“烂脚病人”提供义务救治，谱写了一首大爱之歌。这些“烂脚病人”就是细菌战的受害者。

335

30 集电视剧《五号特工组》的最后 3 集，演绎的就是中共特工、国民党特工、日本间谍争夺衢州机场的故事。编剧、导演、剧中戴笠的饰演者是安徽省作协原主席潘军。可惜外景地并未选在衢州，剧中衢州还错成了“衢洲”。虽然有遗憾,但我反复看了好几遍,逢人便相告。我还让同事李啸连线北京,于 2008 年 5 月 19 日推出专访潘军先生的专版。

336

山明水秀的三衢大地,自古以产地道的中药材著称。清康熙年间,衢州有陈皮、枳壳等上等的进贡中药材闻名于世。如今,衢州将衢枳壳、白及、陈皮、猴头菇、白花蛇舌草、黄精等 6 味中药品种品牌“衢六味”双落地,其中,光是小小的胡柚片(衢枳壳,被列入“浙八味”),一年即可增收 2 亿元。蜂蜜、白芍、覆盆子、三叶青、莲子、葛根,则被列为重点培育品种。这其中,就有经过航天育种的龙游白莲和江山黄精。2021 年,一批黄精种子随神舟十二号载人飞船遨游太空 90 多天后回到江山,种子性状变得更优良。

衢州出产地道的中药材——“衢六味”

337

衢州群山环绕，生态环境优越，是世上少有的中医药传承发展之地。自唐至清，衢州涌现了30多位名医，著述颇丰，还有遗迹供人凭吊。神农殿、药王山、杨家巷、徽州会馆、宁绍巷等，都诉说着衢州中医药学的故事。

衢州籍历代御医知多少？文化学者刘国庆整理出一大串，值得一提的是元代衢州名医刘光大，他首开惠民药局和神农讲堂，受召对答元世祖医学策问。

正因为衢州具有深厚的中医药学底蕴，所以2021年12月，第七届中国中医药大会在衢隆重召开。

338

衢籍名医首推明代杨继洲，他是我国杰出的针灸学家，历嘉靖、隆庆、万历3朝，行医46年，名满朝野。他长期效力朝廷，又喜游走四方，以致他的里籍问题一度成谜。直到1926年，衢州解元郑永禧编民国《衢县志》，才澄清了误传几百年之久的杨继洲里籍问题。

当年，巡按山西御史赵文炳患痿痹，百医不治，古稀之年的杨继洲三针而愈。赵文炳病愈后，为刊刻出版杨继洲编著的《针灸大成》10卷出资出力，积极奔走。这部蜚声中外的珍贵宝典，奠定了杨继洲在医学史上“针圣”的地位。《针灸大成》刊行400多年来，被翻刻数十次，目前尚存的版本约50种，平均每7年就有一个新版本问世，这种刊印密度在针灸著作中独一无二。《针灸大成》还被译为日、法、德、英、拉丁等多种文字。

339

“杨继洲针灸”被列入国家级“非遗”，“中医针灸”被列入世界级“非遗”。针灸朝圣地，中国康养城。一根小银针，撬动大产业。衢江区一直致力于弘扬一代针圣杨继洲的医德医风，推进杨继洲针灸创新性传承。他们建起了衢州市针灸医院、杨继洲针灸文化馆、杨继洲文化公园等，成立了全省第一家中医针灸工作站——石学敏院士工作站，成功开展了两届世界针灸周暨杨继洲纪念活动。一根针，一座城，一个针灸奠基人，这是衢江与针灸的故事。

340

衢州浩瀚的中医药史册中，有雷氏医学一门六七代闪亮的一章。历经200多年传承历久弥新，中医儿科诊治尤强。晚清，雷丰随父逸仙在衢州悬壶济世几十载，著有《灸法秘传》《时病论》流传至今。他行医的范围广达苏浙闽赣徽五省。因结识了两度上任衢州知府的刘国光，《灸法秘传》才得以刊刻出版。

雷丰的外孙龚香圃是近代浙江著名中医。衢城经其诊治过三四代人的家庭不在少数。1923年，衢州麻痘流行，其小女及众多小儿因感染病毒而夭折，痛心疾首之际，他立志专攻儿科医术。1935年，衢州麻疹、天花流行，龚香圃开设六一子诊所，慕名前来的患者日以百计，治愈率甚高，“六一子”名声传遍城乡，名头比他外公还响亮。他行医70年，从事儿科50余年，80多岁还坚持到医院坐诊。

龚香圃门生、“最美衢州人”林钦甫，是衢州市中医医院（杨继洲医院）首任院长。在其50余年的职业生涯中，总门诊人次超过60万。年届耄耋，目前他仍坚持每周开5个半天门诊，每半天接诊病人约70位。

341

义军首领陈友谅与朱元璋作战失败后，残存部将流落江湖，以船为家，成为陈、钱、林、李、袁、孙、叶、许、何“九姓渔民”。新中国成立之前的600多年中，他们漂泊在江山、常山、衢州、兰溪、梅城、桐庐一带。为生活所迫，他们将船改为游船、花船（茭白船，前尖后宽），让妻女弹唱待客甚至卖身。清末官场小说《官场现形记》中就有茭白船的故事。

342

衢州也称得上民族大家庭，人口主要为汉族，占99.2%，另有0.8%的少数民族人口，分属41个民族，有2万多人。其中畲族最多，有近2万人。

“山哈地，出特产，香菇香，板栗大，茶叶好，毛竹多，竹席凉，富家乡……”每天早晨，在龙游县沐尘乡畲族小学的晨课上，师生们都会用畲族语言朗诵这首自编的畲乡民谣。

畲族没有自己的文字、乐谱，民族历史、故事和音乐等都靠口传心授传承至今。畲族音乐和民族一样古老，“歌是山哈传家宝，千古万年世上轮”。畲族自有民族记忆起，就有了歌唱的风俗。在劳动中，以歌为乐；喜庆时，以歌为贺；恋爱时，以歌为媒；社交中，以歌代言；祭祖时，以歌代词；丧葬时，则以歌代哭。“三月三”是畲族最大的节日。

343

50 多年前，为了支持国家水电工程新安江大坝建设，30 万淳安人告别家园，迁往异地他乡。衢州接收安置了移民 12615 户 51420 人，占新安江库区外迁移民总数的 17%。衢籍乡贤、浙江省政府原参事、水库移民童禅福的《新安江大移民》再现了尘封 50 多年的历史，我和同事李啸推出独家专访《揭秘 50 年前的国家特别行动：新安江 30 万大移民》，获得多个奖项。

344

1951 年 10 月 1 日，黄坛口水电站正式开工兴建，1958 年 5 月 1 日发电。它是新中国开工最早的中型水电站，也是当时国内自建装机容量最大的水电站，被誉为新中国水电建设的摇篮、浙江第一颗夜明珠。

从 1958 年至 1979 年，衢州花费 20 余年建成湖南镇水电站。湖南镇大坝为当时“亚洲第一高坝”，由此形成了如今浙江省内最深的人工湖——仙霞湖。

345

1989—1994 年，衢州由谢高华领衔实施了长江以南规模最大的引水项目——乌溪江引水工程，拦截乌溪江，飞越灵山江，横跨金衢盆地 10 条大溪，洞穿 18 座大山，总干渠达 82.7 千米，谱写了“江南红旗渠”之凯歌。1991 年春天，怀孕的我与时任市人大常委会副主任的母亲同框参加工地会战，还被衢州电台同行采访。

346

麦家说：谁说中国人没有信仰？中国人的信仰，就是诗歌！这话我十分赞同。精明的老外早把“诗词”与“丝瓷”当作最美妙也最具东方特色的文化遗产，许多人对其爱不释手、神魂颠倒。在旅游业蒸蒸日上、欣欣向荣之际，衢州如能把这些异彩纷呈的诗词收集起来，诗景对照，觅句寻趣，定能增添游人广泛的谈资与游兴，让他们带回最佳的旅游纪念品。

347

衢州处在“四条诗路”中的钱塘江诗路上，以钱塘江—富春江—新安江—兰江—婺江—衢江为主线。

千百年来，文人墨客载酒扬帆，在钱江两岸留下了大量诗文。

我最近手头多了一本由衢江区政协主编出版的《诗路衢江》。衢江自古就是四省边际水陆交通要道，千百年来桨声帆影，无数文人墨客熙来攘往。诗人们赞叹美景，流连风光，佳篇杰构点睛生花，留下了诸多脍炙人口、流芳百世的诗篇。一册在手，满是乡愁，尽是诗画。

衢报副刊作者黄菁华最近以《瀫水之上流雅韵，三衢道中吟长歌！衢州历代的诗会》为题，撰文向我们展现了衢州的历代诗会。衢州历来是个诗歌大州。自唐以降，瀫水之上，浅吟低唱者络绎不绝；三衢道中，出口成章者摩肩接踵。单单一个仙乡烂柯，流传下来的诗目就何止千篇？古时交通不便，意气相投的诗友往往鸿雁传诗抒胸怀。而在烂柯山、衢城菱湖等佳处，诗歌从未缺席过，大小诗会轮番上演。

江山仙霞古道也吸引了无数文人墨客，声震千年文坛的巨擘接踵而至，佳作连篇累牍，留下了300多篇文采飞扬的诗篇，成为一条撒满诗词的人文之路。其中，辛弃疾的《江郎山和韵》最为传神："三峰一一青如削，卓立千寻不可干。"元代贡师泰连用50多个比喻来形容仙霞山势之陡峭险峻，令人叹服。

348

历史上有个"常山江——宋诗之河"文化现象，它就像北纬30°八千里古道上的一朵奇葩，迅速成为网红。在以"唐诗之路"著称的钱塘江流域，百里常山江偏偏以宋诗闻名，现在县里已搜集到宋诗近千首，成为常山最为珍贵厚重的历史记忆和宋代文化遗存。古往今来，文人骚客、官宦商贾，纷至沓来，四省通衢的衢州、十方通衢的常山都是必经之地，特别是在常山古代十景之一的招贤古渡这一段，先贤们留下了诸多锦绣诗文。

2018年,常山县启动有史以来最浩大的文旅工程——打造常山江“宋诗之河”。如今,走在招贤古街上,每隔十余步就能邂逅一块诗碑,你可以读到陆游、辛弃疾、杨万里等宋代诗人留下的作品。折一枝青翠的招贤柳,温一壶醇厚的招贤酒,老街重现繁荣景象,不由得有种穿越回宋朝的错觉,使人生发出今夕究竟是何年的感慨。

宋诗之河

349

我曾经走过中国许多乡村,不谦虚地说,最美的古村落就在衢州,它们依然保留着淳朴和静谧。趁着它们还在,一起去看看吧!

开化古代最富有的村落在霞山,这个迷宫一般的古村有360多幢明清至民国时期的古建筑，让人惊叹这个中国历史文化名村的神奇古韵。当百里之外同属徽派村落的宏村、西递已被列为世界文化遗产时，首批省级休闲旅游示范村霞山仍在寂寞淡定地守着梦一般的淡泊宁静。

350

著名作家汪浙成先生为衢州写过3篇作品：《衢江诗魂——寻访“初唐四杰”之一的杨炯遗迹》《莲花尖：钱塘江的根》《廿八都，遗落在大山里的梦》。廿八都，便是那座地处仙霞岭高山深谷之中，被汪浙成先生赞叹过的古镇。“老人们‘像欧洲喜欢猫的贵妇一般’神情安逸地怀揣着竹编的火熜”，这句比喻太赞了！“我想，倘若有朝一日把桃花源搬上荧屏，这里可是个理想的外景拍摄场。”谢晋导演来到古镇，慨叹道：“张艺谋如果看到你们这个大王庙，《菊豆》绝对不会放到黟县去拍。”我始终固执地认为，当年周迅出演的电视剧《橘子红了》也应该选择廿八都古镇作为外景地。

351

1100多年前，黄巢挥戈南下，在浙闽之间的崇山峻岭中开辟了仙霞古道。“一脚踏三省”的廿八都，从此成了历代屯兵扎营之所，也成了海上丝绸之路陆上运输线的重要驿道。

明代将领郑成功和父亲、叔父都曾长期驻扎在廿八都、仙霞关一带。仙霞关是通往福建的天然屏障、咽喉之地。廿八都之所以姓氏、语言、风俗丰富多样，被称为“文化飞地”，与明清时期军事屯兵相关。当时，廿八都的军事等级相当高，设置了枫林营总兵，管辖范围涉及闽浙大地，与衢州总兵建制相提并论。文史专家刘国庆建议，廿八都的文旅开发，如果深度挖掘其军事文化，或许会有更大的发展空间。

古镇里，保存有完整、规模宏大的明清古建筑民居60余幢。风格之多样，集浙式、徽式、闽式、赣式、苏式、云贵式甚至欧式于一身。雕刻之精美，融木雕、石雕、砖雕于一镇。最令人称奇的是，小小古镇上竟有2座文昌阁，而且保存了412幅栩栩如生的彩色壁画，被专家称为“天然民俗博览馆”、神奇的“文化飞地”。古镇居民至今守护着祖先留下来的对山歌、跳民舞、跑旱船、牵木偶、踩高跷、滑石头等奇特的民间艺术。这里和其他江南水乡古镇迥然不同，带有几分神秘，恍若世外桃源。

有位知名人文学者曾多次来衢州。他编著的《发现廿八都》让人对这座神秘古镇充满了向往，书中还写了杨家大院的传奇和大院主人跌宕起伏的命运，堪比《暗算》《潜伏》等谍战剧。

352

廿八都有座古宅，门楣上端雕着类似“福禄寿喜”的字样。但究竟是文字、图案，还是符号，连文字学家也不知所以。想到江西龙虎山自1997年开始重金悬赏求解悬棺之谜，可这么多年过去，至今无解，倒是游客乌泱乌泱地往那里跑。我建议：衢州何不面向全球，来一场有奖竞猜？能不能解谜没关系，肯定会提高廿八都的知名度。

353

廿八都上了国家发行的邮票。《中国古镇(三)》特种邮票之《江山廿八都古镇》是历史上首枚江山题材的邮票,也是衢州第一张国家级题材的邮票,是一张含金量极高的“国家名片”。以后若到廿八都,一定要记得买张廿八都的明信片,贴上这张邮票,盖上廿八都的邮戳,从廿八都邮局寄出。

说了那么多廿八都,我却想说句大实话:我是不希望越来越多的人知道廿八都的。人一多,就会搅了那里的清静,妨了那里的古趣。然而,我又忍不住一次次地赞美和推介她。人哪,就是这样充满矛盾。

廿八都上了国家发行的特种邮票

354

一个村庄居然编纂出版村志?挺新鲜。江山有个从明洪武年间走来的白沙村,是中国首批名村志编纂试点村,已开始第三部村志的编纂。1991年,毛兆丰在江山当地史志专家毛东武等人的帮助下,历经10年编纂完成中国首部公开出版的村志。习近平考察江山时,还殷切嘱咐村民:“你们要把白沙村志继续写下去啊!”

355

在浙西边陲的常山球川古镇,有一幢保留完好的古民居——三十六天井,距今已有100多年历史,雕刻精细、设计古怪、结构深奥,堪称中国建筑史一绝。一说是徐氏兄弟为了与人斗富比阔赛智,又说是大户人家的遗孀为示贞洁,自行设计建造了这座拥有100多个房间、36个天井、互相贯通的砖墙木柱瓦屋,让人除了赞叹还是赞叹。今人解读其深刻寓意:“时时处处得天地钟灵之气!”

356

2017年中国最美古村落榜单出炉,衢州三门源村榜上有名。三门源村三面环山,3道天然屏障形成3道“门”,藏风聚气。三门源村的水,是从山涧奔腾而出的清流。三门源村中分布着2种不同风格的徽派建筑,有叶氏古建筑群,门额下23块戏曲砖雕,方寸之间展现经典戏曲情节，是研究婺剧发展史的宝贵资料。

357

美丽乡村建设、五水共治，把偏僻的乡村蝶变为都市人心中的世外桃源，衢州的农家乐特色村发展到 200 多个，10 多年间，农民收入翻了 10 多倍。衢州农家乐最早起步于 2003 年的柯城区七里乡，仅黄土岭村 2018 年一年便接待 40 万名游客，收入 1500 万元，村民人均收入达到 5 万余元，人人心里乐开了花。

让美丽乡村转化为“美丽经济”，让乡村“沉睡的资源”转化为发展的资本。衢州特色民宿如雨后春笋纷纷涌现，现在有高等级、精品民宿 1000 多家，平均房价超过 450 元/天，省级白金宿、金宿更是一房难求。选一个舒适的闲暇日，捧着一杯热茶，或独处，或小聚，哪怕在民宿待上一天也不感到腻烦。

358

“村游”时代，相约去“网红村”放飞，已经成为衢州人的假日首选。千村示范、万村整治、万村景区化中，衢州的“明星村”“网红村”越来越多。

村歌发源地江山大陈古村，依山造势的几十栋清朝、民国老宅，千米长的青石路纵横交错，让人恍若步入古时的迷宫。常山县新昌油茶小镇有油茶博览馆 2 座、油茶主题公园 1 个，以油茶休闲观光为特色。常山县东案乡胡柚小镇，是一座柚香四溢的天然氧吧。开化县苏庄油茶小镇，著名的古田山国家级自然保护区坐落在此。龙游县溪口竹海小镇，是历史上“龙游商帮”的贸易中心，浙西大竹海国家森林公园的重要组成部分。开化县柴家村，是闻名八方的古法养殖清水鱼传承村，也是央视《北纬30°·中国行》的拍摄地……

开化县下淤村是首批中国乡村旅游模范村，森林覆盖率达82.1%。著名诗人赵丽华在那里建有“梨花公社”，微博圈粉90万！她带领团队将寻常农房打造成艺术打卡地，体现如诗如画的美妙、高雅高贵的奢华，实现了“艺术改变乡村”的梦想。这个位于开化百里金溪画廊核心地带，拥有“中国十大最美乡村”和“中国美丽休闲乡村”等国字号荣誉的美丽乡村，正成为全国首个乡村未来社区慢直播基地。

359

衢州有个全国文明乡村镇、省首批小康建设示范村金星村，10多年前习近平两次前往这个依山傍水的小村庄考察，他与村民拉家常：“人人有事做，家家有收入，这就是新农村。”于是，金星村村支书郑初一带领村民，交出了一张山更青、水更绿、民更富的优秀答卷。

360

衢州人擅做加法，什么文化旅游+城建、文化旅游+水利、文化旅游+农业、文化旅游+教育、文化旅游+体育……“文旅+”带动了观光度假、体育康养、教育培训、文化创意等行业的发展。当一个个网红打卡点与游客真实体验碰撞出激烈的火花后，一个属于玩客的衢州就分外吸引人了。

361

衢州青年林魂的创作团队——公司注册资金仅10元的六道无鱼动画工作室，十年磨一剑，采用中国水墨画美术风格推出了3集手绘玄幻动画片《雾山五行》。这部动画片在B站上独家连载，首播24小时播放量突破1000万，掀起了一股滔天巨浪，半月播放量达4691.1万，成为近年来B站国产动画单集平均点击量最高的动画片之一，评分达9.9的“逆天”高分，同时在豆瓣上评分也超过了9分，成为国漫新标杆，为衢州的文化、动漫产业又添一抹亮色。

362

围棋、举重、马拉松、汽车拉力赛等一批全国性赛事，纷纷落地衢州，构成了一个新鲜的名词“生态体育”。得天独厚的优质“山水牌”，让生态体育在衢州深融生态旅游。

全国森林极限运动会？听听都新鲜，什么“森林障碍赛跑”“森林极限越野跑”“溯溪跑”“骑滑跑”“丛林飞跃”“跑酷”，什么“走扁带”“攀树”“森林神射”“掷毛竹”，让人置身于森林和溪流的美丽场景，感受刺激而充满乐趣的森林极限运动。

连续多年，衢州举办“万人健步走”。每次，市领导都会率领万名干群行走在衢州最美的“会客厅”信安湖畔，途经智慧新城草坪公园、礼贤桥、水亭门、西安门大桥等网红打卡点，每看一眼都是风景，每走一步都在燃烧卡路里。

而开化马拉松，因有占旭刚、周苏红等数位奥运冠军鸣枪领跑，又因有接近 20 千米赛道设置在百里黄金水岸风情带上，畅跑于此更是别有一番趣味。

2022 年 4 月，浙江省体育局公布了第一批运动休闲乡镇名单，总共 6 个，衢州占两席：柯城区灵鹫山森林运动乡镇、江山市石门极限运动乡镇。

363

浙江开化、广西五通、广东石龙、福建龙岩，它们有个共同的名字——中国举重之乡。开化民间早年就有练石担、举石锁、习拳弄棍的风习，有着广泛的举重运动基础。开化为国家培养输送了一批批举重健将，最为人熟知的就是两获奥运冠军的占旭刚。作为浙江省青少年举重训练基地、全国举重高水平后备人才基地，开化已成功承办了全国男子举重冠军赛、中日韩举重邀请赛等多场赛事。

364

龙游的生态体育也开展得颇具特色。在参天古树中穿梭，在杜鹃花丛中漫步，龙游绿葱湖杜鹃花海越野赛充满趣味和挑战，吸引了全国跑友参加。每逢此时，周边的宾馆、农家乐都一房难求。

亚太汽车拉力锦标赛（龙游站）已办 14 届，吸引了来自新西兰、印度、澳大利亚等国的数十支车队参加。参赛选手在龙游进行速度与激情的碰撞。知名人物韩寒也出现在斯巴鲁中国魔力拉力车队的参赛名单中。

365

衢州人在体育赛事上喜欢另辟蹊径,也确实辟出了蹊径。

2019 年 11 月,衢州承办第四届全国智力运动会。好新鲜,啥叫智运会?围棋、国际象棋、桥牌、国际跳棋什么的,考验的是智力运动能力。衢州还举办了首届全国智力运动博览会,开展国际象棋、国际跳棋、五子棋、数独、魔方、电子竞技等项目的比赛。唉,若没有两把刷子,去当个记者都难。

366

龙游有个龙和国际垂钓中心,由龙和渔业董事长张双其倾力打造,他将垂钓与旅游结合,形成“旅游+农业+体育”模式。作为“吃货”,我要负责地告诉你,这里的菜肴也特别好吃。

龙游有太多人养鱼,唯独“龙和”把鱼塘变鱼缸,养出全省最放心的鱼!中国十大名菜之一——杭州“西湖醋鱼”的原料鱼 90%以上由“龙和”供给,杭州楼外楼的原料鱼也不例外。

367

作为衢州旅游形象大使,周迅时不时地向朋友、导演推介衢州。

正如她在演艺圈中的好口碑一样，近年衢州越来越受大导演的青睐，被众多影视剧制片方所热爱，成了多部热播剧的取景地，也成了横店影视城的延伸地。每当后期剪辑时，导演和美术顾问都很苦恼，衢州的山太青了，水太绿了，景太美了，好多画面都舍不得剪掉。

368

可不可以这样说，如果没有衢州，中国多部经典影视剧将错失多个绝佳取景地。衢州拥有花海、森林、石林等独特的资源，加上周迅、何晴等衢籍演员的影响力，张纪中、谢晋等知名导演都对衢州山水情有独钟，衢州元素在影视片中越来越常见了。让我们看一下这份长长的外景地名单：

电视剧《汉武大帝》拍摄地龙游石窟；

电视剧《西游记》张纪中版拍摄地江山江郎山、须女湖；

电视剧《神雕侠侣》于正版拍摄地江山保安；

电视剧《倚天屠龙记》张纪中版拍摄地龙游民居苑；

电影《大唐代宗》拍摄地常山三衢山。

近些年，在衢州拍摄的影视剧还有《暗战白沙关》《我们回家吧》《亲爱的，你在哪里》，以及由衢籍明星周迅主演的《如懿传》……

369

自从《太平公主秘史》剧组前来取景，衢江区浙西大草原的名气便在影视圈逐渐打响。《琅琊榜之风起长林》《十二生肖传奇》等 10 多个影视剧组前来取景,电影《大会师》也在这里拍摄。邻近的村民们在家门口赚起了钱,生意好的话一天能赚一两千元。有一天,同事方俊在此偶遇正在拍片的邓超,她连夜往“掌上衢州”发稿:邓超又在浙西大草原出现啦!小迷妹们,可以开启“偶遇模式”了!

370

被誉为“世界第九大奇迹”的龙游石窟,本身就是一个谜,《汉武大帝》选在此地拍摄,似乎是认同了“藏兵说”。2013年,多次在世界各地举办音乐会的著名小提琴演奏家盛中国偕妻子濑田裕子来到1号洞,在此倾情演奏了《流浪者之歌》《牧歌》等名曲,让沉睡了2000多年的洞窟发出美妙的音乐。偌大的石窟中,没有音响,没有麦克风,没有电声,没有装饰,只有乐声缭绕。他演奏的《梁祝》至今还在千年石窟中回响。

2020年10月15日,国际钢琴大师郎朗也来到这座千年石窟举办了专场演奏会。

龙游石窟中一场独特的音乐会

371

曾经，三衢大地上赫赫有名的厂矿企业如繁星般耀眼璀璨：为新中国第一颗原子弹供铀的771矿，化工部下属、全国"五强十大"的衢州化工厂（现浙江巨化集团），20世纪90年代初就曾利税过亿元的江山电工器材厂，给"东方红一号"人造卫星提供太阳能硅片的开化601厂，龙游县溪口镇的黄铁矿区……如今，衢州创意文化让工业遗存焕发出无限魅力。

372

野百合也会有春天。以衢州智慧新城花园东大道258号命名的“花园258”创新创业园，有点像北京的798。曾经的衢州棉纺厂迎来华丽转身，慰藉了老衢州一大批产业工人的心。

373

1958年，在毛泽东主席关心下成立的衢州化工厂兴建了第一套生产装置——电石炉。熊熊燃烧的炉火和高耸入云的大烟囱，身穿细帆布工作服、头戴护目镜、手持钢钎的炉前工形象，经常出现在文艺作品中，定格为人们对衢化工人的印象。电石炉被关停后，这座全国唯一保存完整的电石工业遗址被封闭并保护修缮，后跻身浙江省第七批省级文物保护单位名单。

374

衢州的市树是香樟。衢州人自古视香樟为风水树、纳凉树、村庄标志树，城乡大地随处可见。我最喜欢每年4月香樟开花时的衢州，香樟花细小精致，雨后空气中弥漫着的芬芳让人沉静安心。香樟的寿命长，被衢州百姓当作神树，村娃们也大多被托付给香樟：女孩取名樟树娜、樟树花，男孩取名樟树根、樟树倪、樟树古，半村都是香樟的孩子。无他，命贱好养，名土好带呗！

375

衢州市花是桂花。金桂、银桂、丹桂、四季桂，品种繁多，虽然至今傻傻分不清楚，但并不妨碍我在花香中挥洒美好情绪！每到9月底，中秋，国庆，衢州的当家大花旦便是桂花，满城桂花香，让人顿生品尝桂花糖的甜蜜。有时气温突降，就是老话说的“冻桂花”，几天以后空气中开始弥漫着甜甜的桂香。每每此时，正值祭孔大典，南宗孔庙的桂花也开了，我的心情就特别愉悦，真是心旷神怡啊！

376

衢州的气候不太按套路出牌，春如四季，气温就像过山车，冷不防一秒入夏，让你热晕在春风里，紧接着“冬日君”冷不丁杀个回马枪，断崖式降温，让你一周过完春夏秋冬四季。

377

衢州的春天，我喜欢的香樟花、橘花、胡柚花、香抛花次第盛开，芳香淡雅绵长。它们是鲜花界的一股清流，令人沉浸在清新的花香中，特别清醒，格外舒爽。城在绿中，城也在花中，人呢，沉醉在花香里。

378

深秋的衢州，满地落叶，黄的银杏，红的秋枫，棕的梧桐，大地美如凡·高的画作，色彩斑斓。不扫落叶的衢州，凭空冒出恍若北美的风光色调，独特之美驱走了悲秋之绪，引来白岩松的点赞：在衢州，有一种美，叫“落叶不扫”！

深秋的衢州，有一种美叫“落叶不扫”

379

叶“问”衢州！这不是比武，但我们要给你点颜色看看。每逢深秋初冬时节，叶子变了颜色，形成绿、黄、红、紫等斑斓的色块，为大地铺上了彩色地毯。在衢州，常见的绿化植物有300多种，其中色叶植物有20多种。公园、绿地、山间，那些鲜艳的叶子，黄红绿青褐相交，层层叠叠，到处是油画般浓烈的色彩，仿佛走进童话世界。

衢州之秋，在作家汪浙成的笔下美如油画："我不知道世上有哪位丹青巨擘，像秋天一样把衢州山林的色彩渲染得如此丰富而绚丽！"

380

衢州评选出"衢州树王""百佳古树名木"，为古树名木建档、立碑、体检，采取保护措施，还编辑了《衢州古树名木》画册。

有一天，我的朋友小方去衢州二中看望女儿，偶然发现一棵正在开花的梓树，因正好与女儿同名，便拍了照片发到朋友圈。树前那块2005年8月立的石碑上，刻着"古树后备资源"，并注明此树树龄为81年。掐指一算，它老人家已经98岁了！以前只知道干部有后备的，没想到古树也有后备的，为的是以后成为"百年老树"。

381

都说"最美的风景在路上"，吾深以为然也。

衢州就有一条沿途风光无限好的公路，它是开化桃溪村至下界首村的公路，简称"桃下线"。从1980年开始，两旁的行道树便是水杉。经过40多年的细心呵护，小树苗已高达30米，于是就有了春夏枝繁叶茂、绿荫如云，秋冬色彩金黄、诗意十足的绝美风景。

《舌尖上的中国2》导演选择了桃下线取景，介绍开化青蛳时，呈现的就是这条惊艳世人的水杉大道。

桃下线水杉大道

382

衢州与三个充满传奇色彩的成语相关。

第一个成语是“咄咄怪事”:南朝刘义庆《世说新语》中记载,大臣殷浩被贬居衢州,整天用手指在空中写字,写的正是“咄咄怪事”,借此表示心中的愤懑不平。

第二个成语是“一琴一鹤”:北宋衢人赵抃赴川上任,全部行装仅有一张琴和一只鹤。卸任还乡时,带走的还是这两样。百姓送他“天水门第,琴鹤家风”匾额,以表彰他为官一生、两袖清风的高贵品质。

第三个成语是“气壮山河”:这个典故与衢州历史上声望颇高的赵鼎有关。赵鼎被誉为南宋“中兴贤相”,为躲避奸相秦桧的打击迫害,保全家人，悲愤至极的他自书墓志铭“身骑箕尾归天上，气作山河壮本朝”，绝食而亡。

383

徐同学，你在衢州最有“势力”！前几年，衢州公安首次发布十大姓氏排名，徐、郑、王、周、吴、陈、张、余、毛、姜是衢州人口数量排名前十的姓氏，共有 112 万多人，约占全市常住人口的 43.57%。其中，徐姓有 20 多万人，占衢州常住人口的 8.0%，约每 13 个衢州人中就有 1 个姓徐。唐代著名的文学家、思想家韩愈就曾写道：“衢州，古太末地，民多姓徐氏。”现在，大数据告诉我们，衢州新生儿最多的姓氏依然是徐姓。最新出炉的第七次人口普查数据显示，衢州徐姓人口有 20 多万，在衢州的 872 个姓氏中，数量依然排名第一，每 12 个人中就有一人姓徐。

徐同学，你在衢州最有“势力”！

384

说到徐姓,绕不开徐偃王。在历史上,徐偃王是个仁义失国的仁君,也是位“生有异相”的传奇人物。正史对他着墨不多,司马迁《史记》对他的记录只有片语只言。《后汉书·东夷传》称徐国“地方五百里”,向他朝贡的“三十有六国”。最终,他在战争与和平之间选择了仁义避战。

385

我的同事、长年研究衢州姓氏的学者鄢卫建告诉我,几次人口普查中,衢州人的姓氏总数都在 734 个,只是姓氏排名前十略有不同。在 700 多个姓氏中,有 1/3 是人们日常生活中较为熟悉的,另外 2/3 都不太常见,比如乙、弓、厄、欠、全、阡、毋、寺、伞、色、闭、问、羊、灯、孝、别、时、盐、真、袍、雪、秸、移、偷、深、绳、筛、零、毁、影、衢等罕见而奇怪的姓氏,不能不让人惊叹姓氏文化的丰富与智慧,也印证了衢州“川陆所会、八省相通”的区位特色,铭记着衢州历史上的风云际会和人口变迁的涉地之广。

386

中国历史文化名镇、神秘的古镇廿八都,3600 多人就有 140 多个姓氏,是一座名副其实的“百姓镇”,更是我国唯一有百个以上姓氏的移民古镇。

387

衢州文史界知名学者刘国庆创设衢州文献馆，在退休后踏上了古籍修复的新征程。他始终甘愿当一名书医、书痴。但凡与衢州有关的典籍文献，他都乐于研究、梳理、记录，人称衢州“百晓生”。和他聊天是件快乐的事，他会告诉你：衢州的府山曾经有过4个衙门，“铜金华、铁衢州”出处不在太平天国而在三藩之乱，初唐时衢州就有了第一个状元……

刘国庆还告诉我一则轶闻旧事：清同治年间，1870年前后，司徒雷登之父司徒约翰成为最早来衢传播基督教的牧师，今柯城区蛟池街福音堂（旧称耶稣堂）即为其所购置。司徒雷登为民国时期美国驻华大使，1949年8月18日，毛泽东于新华社发表《别了，司徒雷登》。2008年，司徒雷登归葬出生地杭州。

388

地名，诉说着光阴的故事。它是“本地人的脸，外地人的眼”，也是城市的形象。衢州一些街巷的名字非常儒雅，是古城历史文化的绝佳载体。天王巷、皂木巷、道贯巷、衣锦坊、狮桥街、礼贤街、水亭街、开明坊、雅俗坊、鼓楼街、蛟池街、仁德路、东武街、钟楼底、进士巷、警钟巷、天宁巷、棋坊巷、取水巷、罗汉井、大俱源、上静岩、沐尘、万川、航埠、浮石潭、东迹堰……信手拈来，极有意思。

389

衢州资深文化学者李吉安对地名也颇有研究，他以著述告诉我们，衢州地名的典故和传说是多么有意思！自唐以来，衢州一直为州、府、路、道治署所在，衢城历来是州府衙署驻地，区域行政中心地位在街道地名中得以呈现。明代有巡辖巷、护领巷、贡院巷等，清代有宪司前（狮桥街一带）、府学前（鼓楼）、道署街等。随着时代变迁，有的地名湮灭不存，而道（署）前街、县学街等留存至今。

390

老衢州陈锡祥还记得少年时的童谣："城门城门多少高？三十六丈高。骑白马，背大刀，城门洞里走一遭。城墙城墙多少长？三江水样长。吃烧饼，看杜（方言，大）水，拉转鹞倪（方言，风筝）转一圈。"城还是那座城，只是人已非少年，于是他近年来倾力奉献出《天王塔探古》《水亭街旧事》《衢州街巷拾遗》（之一、之二）等著述。

391

游走在纵横交错的街巷中，一个个有趣的地名诉说着衢州一段段生动的历史。

府学里、县学街、讲舍街、进士巷、衣锦坊等，印证了古时教育的发达。讲舍街（将帅街）是文武完美结合的一条街。《衢州市地名志》记载:“以李遂讲舍得名。”一任任衢州知府走马灯似的更换,能让人牢记并为他建祠塑像的屈指可数,明嘉靖年间的李遂便是其中之一。他是著名学者王阳明的弟子,深知教育可以提高民众素质,上任后即创办衢麓讲舍。

县西街、道前街、上营街、下营街、新驿巷、盐仓巷、贡院巷什么的,标记了衙府官署的方位;天宝巷、天后街、三圣巷、城隍巷、土地巷之类,表达了百姓敬天地、畏鬼神的心理;平安坊、仁德坊、光义坊、永乐坊、招贤坊、崇善坊、百岁坊,寄寓了人们美好的希冀;营房弄(在紫金街)、西营娘娘庙前(小西门一带)、南营预备仓(在小西门街)、营门口(在讲舍街)、下营、上营等,体现了浓郁的军事色彩。有些古地名沿用至今,仍为我们所熟知。

392

衢州地名中有诸多带“水”“桥”“塘”的街巷名,反映了丰富的水文化。带“水”的特别多,水巷、东水巷、水亭街等;与水相关的更多,有洗马塘、止马湾、井塘弄、义姑桥河沿、罗汉井巷;带桥的地名也不少,如新桥街、狮桥街、高桥头、东马桥等。护城河体系基本完整,新河沿、东河沿、中河沿等相关地名都是护城河流经之处。民国时,茭(蛟)池塘、菱塘(湖)、芙蓉塘、鲁华塘、建乙塘、荷花塘、大功塘,衢城有七塘一湖呢!

393

衢州地名还彰显地域经济特色。明弘治《衢州府志》中,因食盐运送需要仓库，衢城有盐仓巷、大盐仓巷、王鱼儿巷、柴巷等；因小手工业主的出现，便有了醋坊巷、酱坊巷、豆芽弄、打铁巷、磁器巷等街巷；锁匙巷、浴堂巷、猪儿巷、葱椒巷、饭巷之类，则充满浓郁的生活气息。铁器是百姓生产生活的必需品，民国时期坊门街、水亭街、县西街上，铁器店有二三十家之多。

394

以姓氏冠地名，记录了乡绅和名门望族曾经的兴盛景象。如方家巷、江家巷、姚公巷、应家巷、缪家巷、小周家巷、唐家巷、柴家巷、陆家巷、杨家巷、高家巷等里弄小巷，当年可都代表着一方大族。

395

当然，在老衢州人的集体记忆中，在北门街、水亭门两大历史文化街区兴起之前的漫长日子里，最热闹的地方还是十字街头。那里周边集聚了衢州酒家、新华书店、图书馆、人民电影院、糖烟酒大楼、百货公司、文具店、大光明理发店、衢州照相馆、钟表店、邮电局等诸多场所，热闹非凡，是衢州人心中的“南京路”。

396

明清时，衢州古城便以西城夕照、中洲渔笛、峥嵘涌翠、菱湖八景等城市景观著称。历次战争给衢城造成极大的破坏，这些景观几乎消失殆尽。近年，汪筱联和叶裕龙特地选择了10处具有代表性的衢城景观组成衢州新十景，分别是瀔水环漪、峥嵘涌翠、琴鹤闻钟、中洲渔笛、南湖春芳、斗潭秋馥、西城夕照、阁映文昌、塔院倩影、唐韵遗风。确切与否，可以商榷，但足见两位老衢州对家乡的一片深情。

我们是否可以发起一场衢州新十景评选活动？2021年4月，市区十大历史景观性建筑和十大现代标志性建筑（工程）评选活动揭晓。上榜名单中，有造型像展翅飞舞的蝴蝶般的衢州文化艺术中心，有著名设计师马岩松团队MAD设计的衢州体育公园项目（荣获有建筑界奥斯卡奖之称的2020 Architizer A＋Awards奖），后者未及竣工，便已引人瞩目。这些现代地标和孔庙、水亭门等历史建筑光荣入选。

如今，两大工程已竣工，开门迎宾，举办盛会和赛事。

397

衢州被誉为“中国纸都”。在我国印刷史上，衢州的刻书和造纸业享有盛誉。唐《通典》载：“衢贡绵百屯，纸六千张。”衢州多山，造纸原料丰富，纸槽业极盛。明代《菽园杂记》载“浙之衢州，民以抄纸为业，每岁官纸之供，公私靡费无算”，提及常山、开化等县的造纸法。理学大师朱熹赐名的古镇球川，素有“纸都”之誉，十里长堤的沙滩上，晒满了做工精细的白纸，人称“六月晾雪”。清末，衢县造纸从业者逾万，年产纸约5万吨。

如今，衢州已成为“中国高档特种纸产业基地”，全市共有60多家特种纸企业。《康熙字典》初印本采用开化纸，龙游皮纸被誉为“书画之宝”，《毛泽东选集》由龙游造纸厂生产的字典纸印刷，衢州特种纸拥有

40 多项国家专利……风雅的衢州纸文化，书写着千年的繁华梦影。

“中国纸都”衢州

398

开化纸是明清时期最名贵的典籍用纸，也是文献首选的御用印纸，纸寿达 2800 多年，以乾隆四十二年(1777)的《四库全书》用纸而名世。1932 年，瑞典亲王访华参观故宫时，见到乾隆时期用开化纸印刷的殿版书，十分惊讶："瑞典现代造纸颇为发达，纸质虽优，但工料之细，尚不及中国的开化纸。"可惜开化纸一度销声匿迹，制作技艺几近失传。幸有杨玉良院士率领复旦团队，“纸痴”黄宏健 10 年 1500 多次试验，失传百年的开化纸终于重出江湖，重现辉煌。开化县作协主席孙红旗据此创作的长篇小说《国楮》，获评浙江省“五个一”工程奖。

399

2019年，由国际邮票雕版大师马丁·默克设计，用开化纸印制的雕版凹印作品《帆船》（“一带一路”概念），参加瑞典斯德哥尔摩国际邮展。近百年来，中国造纸从未参加过国际邮展，开化纸作为中国传统手工造纸的“新秀”，终于实现了零的突破。

400

延及现代，衢州纸的辉煌仍在继续。

衢州蜡纸厂生产的“风筝”牌铁笔蜡纸，素有“中国铁笔蜡纸之父”的美誉。20世纪中期，很多人是通过“风筝”牌蜡纸认识衢州的。宁波人陈葆馥号称“蜡纸大王”。1922年，其自创“风筝”品牌，生产出第一张国产铁笔蜡纸，在新加坡马婆展览会、西湖国际博览会、全国展览会上获殊荣。如今，蜡纸已渐渐退出了我们的工作和生活，但我在网上查询时发现，产于“文革”时期、包装上带语录的铁笔蜡纸已成为收藏品，价格翻了几十上百倍。

401

1958年动工建设的龙游造纸厂，是国家第一个五年计划中的全国150个重点建设工程之一。在计划经济时期，龙游造纸厂与民丰造纸厂、华丰造纸厂并称为浙江三大造纸企业。

402

1960年衢州试制成功浙江省第一张宣纸，开创了机制特种纸生产新局面。当初，全国仅安徽泾县有一家宣纸厂，时任省轻工业厅厅长的翟翕武提出要开发制造浙江自己的宣纸。他将这个任务交给了当时的嘉兴造纸厂总工程师陈志慰。陈总工两度选址，最终确定浙江宣纸衢州制造。2年后，衢州宣纸诞生。衢籍画家、西泠印社社员孙秉之参与了试用检验。著名国画大师潘天寿也用过衢州宣纸，上海朵云轩、北京荣宝斋等都订购过衢州宣纸。

403

明清以前，衢州人比较习惯于"工不务淫巧，居山之人业樵采"的生活。嘉庆《衢县志》上说衢州"人质俭，不习工巧匠作器皿"。看看，隔壁东阳是远近闻名的百工之乡，隔壁的丽水出青瓷出宝剑出石雕，出能工巧匠。有人就怀疑：衢州有出名的工艺品和大师吗？我说：有，当然有！可不能门缝里看人，把人看扁了。

404

传统工艺品西砚，砚石源自江山大陈乡一带。西砚制作，始于唐代，全盛于明万历年间，20世纪七八十年代有过非常兴旺的时期。自80年代末开始，江山市西砚堂雕刻厂厂长徐则文带领员工几经沉浮，几番改革，江山西砚逐渐赢得了市场，入选浙江省“非遗”生产性保护基地名单。大浪淘沙，沉者为金，徐则文坚持下来，成为江山西砚制作技艺“非遗”传承人，产品畅销北京、上海等10多个省区市，远销日本、韩国等10多个国家。2021年10月25日，中国江山西砚馆开馆，西砚文化跃进新时代。

仔细查看了一下西砚的衰落时期，就在电脑开始普及、无纸化办公兴起之时。当人们都奔向网络，开始远离传统文化时，还有人在用生命与砚石对话，在用心血雕刻西砚。我要向徐则文先生可贵的坚持致敬！

405

衢州窑出身名门，作为婺州窑的核心产区，衢州窑的窑火已经绵延千年不熄，在距今3000多年的商代晚期，衢州人就烧制出了原始的青瓷。唐代婺州窑以出产茶碗出名，陆羽《茶经》把婺州生产的青瓷碗列为全国第三位。晚唐五代至北宋初年，越窑、瓯窑、婺州窑正处在发展的时期，而著名的龙泉窑后来才开始烧造。

406

从前，衢州城里不少人家都有一尊滴水观音，这就是衢州特有配方和瓷土、工艺保密甚严的莹白瓷。奇怪的是，这种瓷几乎没有发现文字记载，只是父传子承。直到1980年，衢县瓷厂才成功研制出薄如锦、洁如玉、滑如脂、明如莹的莹白瓷。衢州莹白瓷获得国家重大科技成果奖，多次在世界博览会展出，引起轰动。日本友人朱良昭裕先生题词:“衢州白瓷,天下无双。”

衢州莹白瓷滴水观音

407

衢州九久陶瓷有限公司董事长、全国首届五一劳动奖章得主、浙江省工艺美术大师严孝民,是衢州莹白瓷首席研发者。他利用衢州本地瓷土,创作“烂柯山黑白围棋茶具”,获中国工艺美术精品博览会金奖。

火神瓷业有限公司董事长徐文奎为了攻克成品率低的难题，连续数天几乎不眠不休，守着窑炉不停地做试验，成功时他看上去与野人没什么区别。他制作的莹白瓷精品被专家连道7次“叹为观止”。

408

当衢窑遇上青瓷，衢州这一抹“梅子天青”让世界惊艳。著名青瓷收藏家、衢窑研究院创始人汤伟，携衢窑龙泉青瓷国瓷国礼，从APEC北京峰会、G20杭州峰会、金砖五国杭州峰会，一直走进第一、二届“一带一路”国际合作高峰论坛，成为中国对外文化交流的一张金名片。

409

风云际会，人文荟萃，三衢大地孕育了许多杰出人物。唐代神龙御笔徐安贞，宋代铁面御史赵抃、忠贯日月的名将徐徽言、一代词人毛滂，元代印学大师吾丘衍，明代针灸大师杨继洲，现代文化巨匠余绍宋、革命家华岗……他们的风采彪炳青史。

410

龙丘苌是第一个在正史上有明确记载的衢州人，其风骨为后人传颂。《后汉书》记载，龙丘苌隐居龙游，以种田为业。他笃志好学，志向高洁，不为荣辱所移。王莽时，多次委任官职，辞谢不受。历一年，受会稽都尉任延聘请，任仪曹祭酒，使任延达到了让郡中贤士大夫争相步入仕途的目的，从而巩固了东汉朝廷对会稽的统治。县人奉其为乡贤之祖。

411

都说衢州人会读书，这也是由来已久的优良传统。衢州早在唐代就出过一位文科状元徐徵。宋代浙江第一位状元也是衢州人。两宋时期，衢州书院林立，文运昌盛，科举发达，先后出现了程宿、刘章、毛自知等文科状元，状元人数名列全国前茅，堪称中国“状元之乡”。

412

衢州历史上第一位科考状元徐徵，出现在唐开元二十一年(733)。他也是中华徐氏家族的第一位状元。这一年，同榜进士共 25 人，33 岁的徐徵能夺得头名是多么不易。他历任福建安平县主簿、晋江县丞兼少监等职，只可惜因天性刚直，忠贞不渝，最终被奸相李林甫所害。

413

衢州历史上出过好几位赫赫有名的清官，他们一生艰苦朴素，德行操守千古流芳。宋有参知政事赵抃、吏部尚书余端礼、衢县县丞张应鳞，明有刑部尚书樊莹，清有“驴车尚书”戴敦元，“天下第一能臣”、衢州府西安知县陈鹏年，他们皆为江山社稷之重臣。

414

历史上,有包拯、海瑞、于成龙等著名清官,其实衢州也有一位与他们齐名的廉吏赵抃。赵抃曾四度任职蜀地,在他任期中,蜀地风气为之一变。北宋时,北有“包青天”,南有“赵青天”,副总理级别的他勤政爱民、刚正不阿,有“铁面御史”之称。当时的朝廷还定下了规矩:中央政府凡是赴川为官者,能否胜任都要以赵抃为参照。赵抃宦海沉浮45载,对物质财富十分淡泊,他认为“良田万顷,日食两升;广厦千间,夜卧八尺”。他以察人荐贤为己任,把苏洵、周敦颐等一大批英才推上历史舞台,难怪大文豪苏轼会为他挥毫写下3500字的《赵清献公神道碑》。他先后4次一人一马、一琴一鹤入蜀任职,四川人民没有忘记他,成都青白江区建有清白文化馆,大型历史话剧《大宋御史·赵抃》在国家大剧院上演。

415

这个故事,比发生在清朝的桐城“六尺巷”故事早了200年!

江山清漾毛氏历代恪守“诗书名世、清白传家”的传统,毛氏子弟中最著名的有明代礼部、吏部、刑部三部尚书,毛氏42世,人称“毛青天”的毛恺。有一次,其家人想建新房子,但因与邻居的界址起了纷争,便致信毛恺,希望得到关照。毛恺回信告诫道:“千里修书为堵墙,让他三尺又何妨!”家人深受启发,万分羞愧,主动让出三尺空地。邻居大为感动,也主动让出三尺空地。结果,留下了一条宽六尺的大墙弄,“让他三尺又何妨”的祖训也成了500年来清漾村邻里相处之道。

416

南宋名将余玠,是唯一名列《中国大百科全书》的衢州人。作为兵部侍郎、四川安抚制置使兼重庆知府的他,始筑钓鱼城堡垒,创建了山城防御体系,最终成功抵挡蒙古铁骑大军长达36年。他为风雨飘摇的大宋王朝力挽危局,改写了中国乃至世界历史的进程,名载《中国名将》。《华西都市报》常务副总编、著名诗人赵晓梦以“钓鱼城保卫战”为写作背景,创作了1300行的长诗《钓鱼城》,于2019年获得第四届中国长诗奖最佳文本奖。

余玠的家乡开化县村头镇,每年农历七月初七都要举办余玠文化旅游节,至今已举办9届。

只是一直以来,关于余玠里籍,依然有不少争议。

417

比伽利略的研究早200年!

13世纪,元代著名的科学家赵友钦(赵缘督),发现小孔成像的原理,为《四库全书》收录,这一研究成果比意大利天文学家、物理学家伽利略的研究早200年。

赵友钦是宋太宗第十二世孙,在江山易姓、改朝换代的风云突变中,他选择了隐居江湖林野从事科学研究。他一生中最重要的科学实验、不朽的科学著作《革象新书》,都在龙游鸡鸣山完成。700年后,权威机构颁布《中世纪自然科学大事典》:在整个13世纪的100年中,全世界的自然科学大事只有11件,其中2件由赵友钦主导!

《衢州记忆》作者林伟民建议,把鸡鸣山打造成一座真正的文化名山,除民居苑外,如果能设法让湮没已久的赵氏光学实验井楼重现天日,定是一项特别有意义的文化创设。

418

明郑和七下西洋,堪称人类征服海洋的伟大壮举。在其总数多达2.7万人的庞大船队随员中,有2位衢州人。

开化人张邦达随郑和第三次下西洋。这次航行抵达占城、暹罗、爪哇等28个国家,往返共耗时22个月。

衢州高僧非幻无涯禅师,是信安浮石乡人,江山宝陀庵住持。他陪同郑和第四次下西洋,这次的任务是通好阿拉伯以及非洲东岸各国。回国后,永乐皇帝下圣旨颁赏官职,非幻禅师拜辞不受。明代罗懋登神魔小说《三宝太监下西洋记》中,也有一位非幻禅师。

419

衢州出过一位货真价实的皇后娘娘王钟英。1450年,她出生于西安县楼峰村(今衢江区全旺镇楼山后村),13岁入宫,15岁当上明孝贞纯皇后,成化二年(1466)春奉旨回乡省亲。她一生经历了4位皇帝,辅政半个多世纪,演绎了"东方灰姑娘"的传奇故事。衢州网络作家青荇与然据此创作了长篇历史小说《长恨春归》,想象一下,如果将此书改编拍成《钟英传》，收视率会不会碾压《甄嬛传》？

420

余绍宋，唯一跻身浙江百名历史文化名人的衢州人。他书画皆擅，为沙孟海所推崇备至。他善写山水松竹，曾主编《金石书画》，著有《画法要录》和《书画书录题解》等。余绍宋“搜龙游史情，为一方之全史”，所著民国《龙游县志》计 16 册 42 卷 120 万字，曾被梁启超誉为“此乃方志新纪元”，是我国方志学中独传之作，称得上是“中国传统方志编纂学之绝唱”。

421

詹熙所著《花柳深情传》，书名如此媚俗，却可能是最早的中国现代小说，它是辛亥革命前的重要启蒙小说，也是中国十大手抄本之一，曾列入《中国通俗小说书目》和《不可不知的 300 部国学名著》。最有影响的中国现代小说作家或奠基人，当数鲁迅无疑。可中国现代小说的起源，尚无定论。汉学家韩南提出，“最早的中国现代小说”从《花柳深情传》《熙朝快史》开始。尽管韩南的观点不一定正确，但他至少高度评价了该书作者——衢籍作家绿意轩主人（詹熙）的功劳。

422

常山县定阳北路解放街李家弄 11 号，走出了北京大学图书馆第一任馆长李昭炜。光绪二十四年(1898),北京大学图书馆的前身——京师大学堂藏书楼建立。同年8月,李昭炜被派任藏书楼提调,相当于北京大学图书馆馆长。

有意思的是,31年以后,又一位衢州人担任北大图书馆馆长。他就是江山清漾人毛子水,清漾毛氏第五十六世孙。他知识渊博到竟有“东方图书馆”之誉,被尊为国学大师。在清漾生活了21年的毛子水,文理兼修,被誉为“通人”“通儒”。早在五四时期,毛子水就是胡适的学生。20世纪50年代,胡适在美国立下“遗嘱”,指定毛子水与哈佛大学教授杨联升为“遗嘱”执行人。1962年胡适在台湾去世,毛子水为胡适写了感人至深的墓志铭。

423

最早将安徒生童话带给我国读者的是文学家刘半农,他翻译了一篇《皇帝的新衣》。但以“全集”的形式将安徒生童话介绍给广大读者,率先翻译《安徒生童话全集》3卷的,是民国江山籍著名翻译家徐培仁。有缘的是,2017年安徒生丹麦童话主题小镇项目在他的家乡成功签约,填补了浙西地区主题乐园的空白。

424

衢州籍语言学大家、中国科学院院士方光焘,生前没有专著问世,连文章都很少发表,却被公认为中国语言学一代宗师。学术界关于词类问题的讨论,至今仍未跨越他所构建的理论框架。

方光焘在日本留学时参加了创造社，与郭沫若、郁达夫、成仿吾等同为早期成员。1931年，他加入“左联”。中华人民共和国成立后兼任江苏省文化局局长、省文联主席、省作协主席、中国社会科学院学术委员等职。他早年在《创造》上发表过小说和论文多篇，还与夏衍合编《英汉辞典》。

方光焘生前未出作品集，后来是他的学生整理出版了《方光焘语言学论文集》和《语法论稿》。《语法论稿》还荣膺第二届吴玉章奖金语言文字学一等奖，这可是当代中国哲学社会科学领域最高荣誉。

425

中共党史上著名的“二十八个半布尔什维克”中的那“半个”，是衢州人徐以新，从16岁的北伐士兵、长征干部到外交家，他为民族解放和革命事业奋斗了近70年。1954年，他受周总理指派出任驻阿尔巴尼亚首任大使。之后，他先后出任驻挪威、叙利亚、巴基斯坦等国大使。1966年以后，他担任外交部副部长。

426

被周恩来评价为“和聂耳同为中国文化战线上的两员猛将”的人民音乐家张曙，一生的剧情也是跌宕起伏。他是一位卓越的社会活动家，新中国新音乐运动的奠基人之一。他的一生很短暂，却光辉灿烂，留下了《保卫国土》《洪波曲》等优秀歌曲。他曾居住在第二故乡衢州，1934年携田汉同游衢城时提及“衢州三怪”，田汉诙谐地说：即使衢州有“三怪”，也比上海安全多了。衢州音乐家黄吉士写了《张曙传》，中国音乐家界泰斗吕骥、贺绿汀等为该书题词。

427

一对夫妻双院士，在科学的天空中，他们的名字交相辉映。龙游人郑树森，其妻子李兰娟，同为中国工程院医药卫生工程学部院士，也同是白衣战士。他们不仅是生活上的伴侣，更是彼此事业的有力支持者。他们是我国科学界少数几对院士夫妻中的一对。2020 年抗疫期间，年逾七旬的李院士毅然带领团队奔赴武汉，感动了无数国人。

428

他有很多头衔，但最特殊的是“不打针爷爷”。原煤炭医学院院长、后河北省儿童医院院长、著名儿科专家胡皓夫出生在龙游庙下一个中医世家，一生坚持“用最少的钱把孩子的病治好”，白岩松为他“点赞”。他开处方用药很少超过 100 块，曾用 8 毛钱的口服液治好小患者持续一个多月的感冒咳嗽。最难得的是，身为享受国务院政府特殊津贴的专家，胡皓夫却一直挂着 9 块钱的普通专家号。

429

衢州乡贤中，不乏优秀的新闻工作者。龙游余绍宋与清代报人梁启超多有交集，曾在 1923 年担任《东南日报》副刊、《金石书画》的主编。江山毛子水，在民国时期与蔡元培、胡适、傅斯年关系密切。1961—1973 年，他担任了台湾《新时代》主编。

衢州人卫士生，美国斯坦福大学硕士、美国哥伦比亚大学哲学博士、美国纽约大学哲学博士。留学期间，他与共产党人徐永英、章汉夫等创办英文杂志《中国评论》月刊，任总编辑，报道日军在中国暴行，反对帝国主义侵略。1935 年回国后，他与戈定远等创办北平新闻社，任社长、总编辑，出版英文版《北平新闻》，经常刊登苏联塔斯社电讯和抗日消息。美国著名作家埃德加·斯诺所写的《红星照耀下的中国》(即《西行漫记》)英文初稿在《北平新闻》刊出，为中国首次向全球报道延安情况。抗战时期，他常在重庆八路军办事处为周恩来担任英文翻译……

唉，所幸老同事鄢卫建提醒，要不然卫士生这位闪闪发光的乡贤，差点被我这个孤陋寡闻的新闻界后辈错过。

430

龙游人华岗，著名学者、理论家，新华日报社第一任总编辑，重庆谈判中共代表团顾问。作为职业革命家，华岗在长期的革命生涯中，居无定所，出生入死，他用过的名字和笔名有近 30 个，连儿女也随时跟着易姓改名。他翻译出版了《共产党宣言》，第一次准确译出了"全世界无产阶级联合起来"，具有重要的历史意义。1950 年 4 月，他出任新山东大学校长、党委书记，于 1951 年创办《文史哲》杂志并任社长。《文史哲》一创刊，就在全国引起了轰动，毛泽东每期必读，陈毅也赞赏有加。他在山东大学卓有建树，被师生誉为“懂政策、有能力、会办学”的好校长。据当年同事回忆华岗在校园中心广场讲政治大课的情景，每到周六，校内外人士都踊跃前来，校园里坐满了听课记笔记的人，山东大众日报社、江苏新华日报社、上海解放日报社等报社都会派记者来，成为一道独特的风景。他写下《美学论要》《规律论》等论著15部近百万字，费孝通先生为其百年诞辰题词：革命战士，学界楷模。

431

江山县立中学（今江山中学）一次作文课上，“血洒黎明”六烈士之一的地下党员林维雁板书“梦游新中国”，让学生以此为题写作文。学生郑梦熊用梦境写出他对美好生活的向往。林维雁看后很高兴，给了“颇有风趣”的评语，并作为优秀作文拿到课堂上朗读。就这样，心怀中国梦的郑梦熊，最终成长为人民日报社副社长、副总编。

432

中国好几位新闻界名人是衢州人，而且大部分是江山人，这是个有意思的现象。人民日报社副社长、副总编郑梦熊，新华社副社长何东君，中宣部新闻局局长、中华全国新闻工作者协会第十届理事会副主席琚朝晖，曾任解放军报战地记者的范匡夫少将，人民政协报副总编汪东林，人民日报社山东分社社长徐锦庚，深圳报业集团总编辑王田良，新华社内蒙古中国新闻发展公司总经理柴海亮，光明日报社浙江记者站站长严红枫，绿色中国杂志社社长缪宏，浙江日报首席记者洪加祥……三衢儿女的身影出现在新闻最前线,铸就了颇有影响力的新闻作品。

433

最勇敢的衢籍记者余智骁,毕业于北京大学,曾在新华社从事国际新闻报道。2006 年 6 月到 2007 年 10 月,他作为新华社驻阿富汗记者,曾全程参与塔利班绑架 23 名韩国人质的报道,专访阿富汗总统卡尔扎伊,多次到自杀式爆炸现场和美军前线阵地采访,出版了《与塔利班面对面》。

434

“限制我们想象力的还是想象力。衢州和杭州能实现同城效应吗？曾经不可能,现在基本实现,未来更不是问题……衢州之变,在于格局之变,视野之变,观念之变。衢州,我的家乡,一座最有礼的城市,值得期待!”说这话的,是浙江经视著名评论员舒中胜,他最著名的一句话是在每晚《新闻深呼吸》最后的“时间不早了,洗洗睡吧”。光听他那些满含衢味的评论,便知他是正宗的衢州人。他可是衢州最称职的城市形象代言人之一,走到哪里都不忘说家乡好。

435

近年,中国家庭开始享受“二孩”带来的幸福,中国社科院外文所研究员叶廷芳功不可没。他是德语文学权威，译介的卡夫卡、迪伦马特、布莱希特等人的作品影响了无数中国读者。2007 年，身为全国政协委员的他首次提出“取消执行独生子女条例”的提案，引起高层和社会的广泛关注，成为冲击“一胎化”政策的先行者，这份 29 人联合签名的文件，成为“两会”上第一份敢于冲击“一胎化”政策的提案。2013 年，这粒呼吁取消“一胎化”政策的种子，终于开花结果。多年来，他为家乡撰写了 30 篇美文刊于主流媒体，衢州市政协专门推出了《悠悠衢江：叶廷芳随笔集》。

436

“人要有高远的人生境界，要有完满的人性，艺术起很大作用。强调艺术就要注重中国的传统艺术，如果传统艺术失传就很危险。一个民族之所以在世界上有独特性，就是因为有传统艺术和文化。我们有孔子、李白、《红楼梦》，如果没有他们，中国就不是中国了。要让我们的整个社会有更高的精神追求。”说这话的是全国政协常委、北京大学博导、衢籍著名学者叶朗先生，他曾兼任北大哲学系、宗教学系、艺术学系三大系的系主任。《中国小说美学》《中国美学史大纲》《美学原理》等著作，奠定了他在业界的顶尖地位。

437

衢籍教育界名人＋大学（研究院）领导，有好多位。华岗，首任山东大学校长。王学珍，北京大学党委书记。徐卸古，解放军军事医学科学院副院长。赵南明,清华大学医学院常务副院长兼生命科学与工程研究院院长。郑水泉,中国人民大学党委副书记。陈根芳,浙江省教育厅党委书记、厅长。叶方,浙江大学副校长。罗建红,浙江大学副校长,出生于开化。郑树森,浙江树人大学树兰国际医学院院长。陈福生,温州大学党委书记。胡俊,电子科技大学副校长。汪晓村,浙江工业大学党委书记。李小年,浙江工业大学校长、党委副书记。徐小洲,浙江传媒学院院长。占旭刚,浙江体育职业技术学院院长……我掌握的情况就这些,欢迎知情者补充。

438

龙游现在以造纸行业为龙头,邵南燕是龙游造纸业的"教父",她培养的儿子却搅动了资本市场。

若说创投圈中能从成功创业者走到顶尖投资人的,不得不提全国政协委员、"红杉中国"创始及执行合伙人沈南鹏,中国最成功的投资人、亚洲投行金牌人物。他是龙游亚伦造纸厂厂长邵南燕之子,小时候生活在龙游,这让衢州人很骄傲。衢州人坚信,言传身教是最好的家风,母亲对他的成长有着巨大的影响。

439

中国最火弹幕视频网站 Bilibili 的创始人,竟是衢州人? 2021 年 8 月 12 日,一身休闲装、"穿着很宅男"的徐逸回家乡考察,引发强烈关注。这位出生于 1989 年的年轻富豪,青少年时代在龙游求学,后赴北京邮电大学深造。2013 年，徐逸注册成立上海哔哩哔哩动画有限公司。2018 年 3 月 28 日，B 站在美国纳斯达克顺利上市。从杭州出租房里的小作坊白手起家，到跻身 2021 年福布斯全球富豪榜，财富达 34 亿美元，他始终保持低调。2019 年 6 月，哔哩哔哩成立 10 周年之际，而立之年的徐逸选择退休，把 B 站交给合伙人陈睿打理，这个被称作“B 站教父”“老爷”的年轻人，在人们眼里愈发神秘。

440

中国长江科学考察漂流探险队队长、常山人王岩，是集美大学航海学院的毕业生，又是世界上首次全程漂过虎跳峡的第一人。漂流长江是“地球上最后一次真正的探险”，理所当然应由龙的传人揭开第一页，这个纪录被王岩的长漂队打破。1986 年秋天，他们勇闯虎跳峡，力克劳军滩，经过惊心动魄、九死一生的拼搏，结束了长江自古无人漂流探险的历史，英雄壮举轰动了全世界。如今的王岩，正在家乡安安静静地从事房地产开发。

441

衢州有个儿童文学创作群体，呈现出老、中、青、少四代共同发展的良好态势。谢华、毛芦芦、陈炜、阿娅、闻婷、汪芦川等会员勤奋创作，写出了大量贴近儿童的真善美之作，囊括了中国儿童文学的所有奖项，像一盏盏小橘灯照亮小读者的世界。

442

《四个中国人》一书展现了非符号化的四个中国人，以他们四人的日常生活来呈现本真质朴的中国人，其中就有中国最后一代手艺人——百年帘师世家传人程宵春。他的工作是在巨化公司化肥厂装尿素，下班回家织帘子，传承千年的宣纸仿佛只在他一个人心中。他玩纸玩进了故宫，走进了《手艺人》系列纪录片。同事钟睿为他做了一期《讲述》，让自以为见多识广的我深感震撼：喧嚣浮躁的社会，功名利禄的诱惑，没有什么可以动摇程宵春的心。

443

从2014年初发起众筹，我的老同事、衢籍知名作家周华诚发起的“父亲的水稻田”项目，至今已有7个年头。他邀请城里人和他一起，用一年时间，跟他老家的父亲一起种田，挽留最后的农耕文化，用艺术唤醒乡土。不少稻友因一株水稻而结缘，跟着华诚的父亲、“稻田大学校长”插秧、收割，吃自己种的香喷喷的米饭，从中收获了粮食与快乐。诗人禾子即兴赋诗：“后来，常山的风贿赂了我。稻长，如果常山改名梁山，我愿在此落草为寇。”稻田里吟出的诗，好有意思啊！

父亲的水稻田

444

这对父女导演，颇有意思。

江山籍知名导演张建成，近年来成绩不俗：电视剧《母亲》获德国柏林第十六届国际电视节“评委会特别奖”，电影《蝶吻》获第八届巴黎中国电影节“最佳视觉效果奖”，电影《艺魂》获首届加拿大金枫叶国际电影节最佳影片，电影《一路百花开》获荷兰新视野国际电影节最佳亚洲电影和最佳电影音乐大奖，还有多部作品获浙江省“五个一工程”奖。

其女张好，毕业于上海戏剧学院电影制作专业（本硕七年），作品获 2018 年华策克顿现实主义电视剧创意策划大赛一等奖，2020 南非国际电影节最佳学生短片……

父女俩都喜欢在作品中融入家乡元素，导演的不少影视剧都在江山取过景。

445

上天赐予好山好水好空气，让衢州人受惠无穷。走在大街上，你会发现衢州的美女帅哥特别多。不奇怪哦，好环境养育了高颜值。衢州籍明星特别多，个个颜值很高，周迅、何晴、邓英、叶欢、叶祖新、何彦霓、孔令首、李旭丹、吕研熙、袁艺、郑龙、朱俞硕……名单可以罗列一长串。

446

聪明伶俐、率性敢为的周迅是衢州人的骄傲。有位大导演说过，周迅那么小小的一个人，只要把镜头对准她，她就会成为最抢戏的那个人，永远如此。33 年前，15 岁的周迅在毕业纪念册上许下青涩的愿望：偶像是林青霞，想当文娱明星，想灌制自己的磁带，想成为女强人……如今看来，周迅当初的理想全部实现，她获得奖项三四十个，囊括了所有华语影坛的大奖。我曾向市政协提交提案，向市咨询委提过建议，建立周迅影视艺术展示馆，就像到华山必看《智取华山》，游庐山要看《庐山恋》，这也一定会成为保留节目和旅游热点的。

447

出道即巅峰！《西游记》怜怜（观音化身）、电影版《红楼梦》秦可卿、《三国演义》小乔、《水浒传》李师师，她是唯一演遍中国古代四大名著的女演员，堪称“内地第一古典美女”。昆剧演员出身的衢籍演员何晴，以靓丽清秀的古典美和温柔恬静的气质，出色地塑造了诸多贤淑可人、顾盼生姿的经典女性形象。

448

衢州是个神奇的地方，她哺育出灵秀动人的周迅，也哺育出刚强稳健的占旭刚。

“无论成败，我都要做英雄！”占旭刚，这位力拔山兮气盖世的衢州健儿，夺得中国男子举重史上最辉煌的战绩，两度登上奥运会冠军的领奖台，成为中国男子举重蝉联奥运冠军第一人。他在中国男举最艰难时崛起，为中国举重赢得了尊严与荣耀。

被江泽民总书记夸奖“具有朴素英雄主义”的占旭刚，父母在老家开小吃店。1996 年亚特兰大奥运会上，22 岁的占旭刚 5 次刷新世界纪录，夺得 70 公斤级举重冠军。他在亚特兰大的一声高喊，全世界都听到了，可只有开化人听懂了——“妈妈，我赢了！以后您再也不用辛苦，天天早起卖煎包了！”这份孝心感天动地。开化县作协主席孙红旗和我说这个细节时，眼里泛着泪光。

449

在衢州，还有一个有趣的现象，近年一批健美操健儿像一群黑马杀入体坛。这项在衢州没啥基础的运动能快速发展，绕不开衢州市体操协会会长胡利塘。当年，衢州健美操苗子想要学习，都由父母陪到外地。胡利塘就创办了健美操培训中心，经 10 多年潜心运营，向国家健美操集训队输送了 6 名队员，还向高校输送高水平运动员 60 多人，他们在世界级比赛中获得的金牌就有 20 多枚。

胡利塘之子胡邦达是衢州首位健美操世界冠军、国家一级运动员。他先后荣获世界青少年健美操锦标赛、世界健美操系列赛美国站、全国健美操冠军赛等大赛冠军，“国际级运动健将”称号。

450

偶像级大神、“江山阿甘”严善井，与马拉松的情缘长达 40 余年。1981 年，江山举行马拉松选拔赛，临时参赛的严善井一举夺得了 1 万米冠军。从 1987 年到 2007 年，他连续 21 年参加杭州马拉松，获杭马永久号码 87777。1988 年，他夺得第二届西湖桂花国际马拉松赛男子 20 千米 45 岁以下组的第一名。1989 年 4 月，他代表浙江队夺得日本樱花杯国际马拉松赛银牌。

451

还记得衢州乌溪江山区的一对姐妹章桦和章微吗？2005年，李京红执导的纪录片《姐妹》在许多电视台黄金时段热播，引发追剧狂潮。在李京红的带领下，章桦也扛起了摄像机。两人在2005—2006“真实中国”纪录片年度导演颁奖典礼上获得了“年度导演”奖。后来，章桦和李京红在北京组建纪录片工作室，她作为首席编导奔走在城乡，关注那些困惑中煎熬中挣扎中的姐妹。她拍摄的纪录片《天堂之路》走进加拿大、美国多个国际影展，获得德国莱比锡纪录片单元大奖。

452

出现在衢州历史长河中的人物，几乎都是骨骼清奇、奇崛独特的非俗流之人。衢州古代艺文若是放在全国范围内，数量虽不少，但质量稍显逊色。值得庆幸的是，一批如雷贯耳的文豪巨匠奇迹般地与衢州结下深切的文缘，为三衢大地增辉添彩。刘勰、杨炯、白居易、李商隐、韦庄、孟郊、刘禹锡、李清照、曾几、朱熹、杨万里、辛弃疾、陆游、徐霞客……一大批名流，或宦游三衢，或浅吟低唱，或慷慨高歌，留下的政声清名、诗词华章，如繁星闪烁在衢州的人文天空。

453

南朝文学理论家、山东人刘勰和他的《文心雕龙》家喻户晓。殊不知，这位中国文学史上最知名的文艺理论家，曾任太末（今衢州市龙游县）县令，在此仁心雕“龙”。他一生命运坎坷，幼年丧父，终生未婚；曾寄身寺庙，博览群书，著书立说；一代文宗沈约为其荐书，终以一部《文心雕龙》扬名立万，名垂千古；又被沈约举荐步入仕途，政有异绩。刘勰任职仅 3 年，接任者刘孺同样是文学家，“在县有清绩”。此后又过了 100 多年，县名改为龙丘，这条神奇的“龙”便一直遨游于神州大地。

454

唐太宗李世民曾孙李祎，写过烂柯山最早的诗歌《登石桥寻王质观棋所》。景云元年（710），他首次出任衢州刺史，这也是衢州历史上首位记录在册的州级长官。开元二十四年（736），他再次任衢州刺史并在府山建郡王府。后人认为，如果当初唐太宗立李恪为太子，有李恪之孙李祎和李祎之子李岘两位英才继任，唐史可能会改写。

455

“生为盈川令，死为城隍神。”公元 692 年，“初唐四杰”之一、43 岁的诗人杨炯奉诏入衢，选授盈川令。次年，盈川大旱，民不聊生。杨炯心忧如焚，祈雨无果，竟跳入盈川潭，以身殉职。次日，暴雨倾盆，良田稻禾复苏。百姓并不懂什么“初唐四杰”，但他们热爱、崇敬、缅怀杨炯，“杨炯出巡”祭祀民俗延续1000多年，已成省级“非遗”。杨炯一生只留下50余篇诗文，但他的纵身一跃成就了千古佳话。浙江省首批20个千年地名文化遗产名录，衢江区盈川村入选，为百姓以身殉职的县令杨炯，让这个小村庄的名字熠熠生辉。

456

很多人对衢州的最初印象，源于白居易的《轻肥》。大约16岁时，太原人白居易跟随担任别驾（市长助理）的父亲寄居衢州，在此吟出了“离离原上草，一岁一枯荣”的千古名句。关于衢州，他写过3首诗，最有名的一首是《轻肥》，前14句都渲染了达官贵人的骄奢淫逸，最后2句笔锋一转，“是岁江南旱，衢州人食人”，令人动容。他是受衢州润泽的第一位大诗人，此句与诗圣杜甫的“朱门酒肉臭，路有冻死骨”可并称为现实主义诗篇的2把匕首。白诗人的本意是，连旱情相对较轻的衢州都发生了“人食人”，江南大地旱灾的严重程度自不待言了。衢州籍著名学者叶廷芳先生写下《告慰白居易》《再慰白居易》数篇美文，分别刊发在《人民日报》《光明日报》上，衢州变化天翻地覆，“轻肥”一幕永世不再重演。

457

日本文字的创造者、日本佛教最大宗派的缔造者空海，是日本历史上最伟大的文学家、画家和书法家。公元 804 年 7 月的一天，空海法师及第十二回遣唐使贺能一行赴唐都长安求学。因渡海遇台风，他们未能抵达宁波，最终漂泊至福建霞浦，后由福建经仙霞古道北上长安。他走过的路，就是“空海之路”。如今，日本信徒们捐赠的空海铜像，矗立在 1200 多年前他走过的仙霞古道枫岭关。

458

《陋室铭》是唐代刘禹锡的经典之作。作为白居易的挚友，刘禹锡作过一首衢州诗《答衢州徐使君》，写衢州的人和事，还提及衢州的土特产——苎麻织成的白布和竹书箱。他诗赞衢州犹如天上的一座星宿，为我们缓缓地打开了中唐时衢州美丽的画卷。

459

提起唐代孟郊，我们马上想起耳熟能详的《游子吟》。殊不知，他当年乘舟溯钱江而上，吟咏了一组衢州诗，如《姑蔑城》《浮石亭》《烂柯石》《峥嵘岭》。孟郊一生清贫，不得已往谒权贵，46 岁才登进士第，直到 50 岁才捞到个类似县尉的小官做。他留下了著名诗句“春风得意马蹄疾，一日看尽长安花”。

460

生在唐朝末年的韦庄，一生饱受离乱漂泊之苦，《秦妇吟》一诗长达 1666 字，为现存最长的唐诗，后人将《孔雀东南飞》《木兰诗》与此并称“乐府三绝”。韦庄从京城流落到江南漫游，写下了传世名篇《衢州江上别李秀才》。诗中的“李秀才”李珣，波斯人后裔，工诗词又精医学，李时珍《本草纲目》曾引用他的医书。

461

春风又绿江南岸的一个傍晚，一条客船缓缓泊近衢江码头，一位官员悄悄地来，住了一宿又悄悄地走，他就是后来名震朝野的王安石。路经衢州，他写了《寄平甫弟衢州道中》给弟弟王安国，诗中说了他对衢州的印象和思念兄弟之情。王安石小时曾在江山仙居寺读书，衢州这个地方太值得他牵挂了。

462

“千古第一才女”李清照，曾随弟弟李迒漂泊到钱塘江上游的衢州。当时很多流亡者寄居在寺庙中，李清照也临时栖身于超化寺云山阁。据说她的《忆秦娥·临高阁》写的就是那种凄哀孤寂的境况，次年春她就离开了那个令她伤心的地方。现有的各种集子都将此词收入李清照名下，但据地方文献记载，此词却是衢州人赵子觉所作。八九百年过去，这个著作权问题也无从落实了。姑且将错就错吧！

463

南宋文学大家陆游与衢州结下情缘，并留下了不朽的诗篇，令我们备感亲切和温暖。他拜曾几为师，也跟随江山学者毛德昭学习。他四过衢州，两到江山，游历烂柯山，途经仙霞岭，仅为江山就写了8首诗。他在《偶得石室酒独饮醉卧觉而有作》中，赞扬了名倾浙右的衢州石室酒。

464

中国古代大诗人中，要数杨万里与衢州缘分最深。他的家乡在江西，他曾多次宦游杭州等地，每每取道衢州，留下许多弥足珍贵的诗篇。他写衢州的诗可以敲定的就有六七十首，对提高衢州的知名度大有帮助。他6次往返常山招贤古渡，写诗近30首，其中最著名的诗句就是"一生憎杀招贤柳，一生爱杀招贤酒"，"招贤"一词由此伴随着他的诗而传诵至今。学界泰斗钱锺书的《宋词选注》选了《插秧歌》，这是杨万里出衢城往江山道中所见，形容戴笠披蓑的农夫插秧如同打仗，很新鲜，实为关注民生的好诗。

465

1192年冬的一天，仙霞古道上迎来了抗金名将辛弃疾。脱俗而独立的江郎山给他留下了深刻的印象："三峰一一青如削，卓立千寻不可干。正直相扶无倚傍,撑持天地与人看。”因为力主抗金,刚直不阿的辛弃疾屡遭当权者之忌,这首激昂豪迈的诗成为流传至今的佳作。

466

在中国游历17年后,意大利旅行家马可·波罗把丝绸和织锦带回家乡,激起了西方人对东方的无限向往。虽在《马可·波罗游记》里着墨不多,但马可·波罗也将浙西重镇衢州写得非常有趣:“一路上,总会看见许多人烟稠密的城镇。他们经商务农。在这个地区(衢州),看不到绵羊,但有许多公牛、母牛、水牛和山羊,至于猪的数量则特别多。”

467

元代著名的散曲大家、宁波人张可久从绍兴调任衢州,为衢州留下了一笔文学的遗产,总计超过20首。他的衢州散曲大多旖旎明媚、洗练典雅,具有很高的文学价值,有些还可补充地方文献之不足,是一笔丰富而亟待整理的文化遗产。

468

“有元一代词人之冠”、蒙古人萨都剌,数度往来于衢州。他应薛昂夫之请写过咏烂柯山诗,有“烂柯仙子何年去,鞭石神人此地过”之句，留下许多如画的诗篇。看似平淡的日常生活片段，到了他的笔下便被绘声绘色地熔铸成隽永的篇章，堪称衢州风光诗作中的珍品。

469

一般诗人多流连风花雪月，很少有咏稻诗篇。明开国元勋刘基却特别关心百姓赖以生存的稻粱问题，经过衢州写的《晚至草平驿》，体现了他一以贯之的胸怀兼济大志、关心国兴民生的视角。刘基深得儒家文明的进取精髓，具忧民之心，抱济世之才，并且具备完美的实践品格，其作品在中国山水诗史中应有一席之地。

470

朱元璋是否驻留过衢州，史书上并没有记载。倒是早期苦战阶段他的势力经常在衢州活动，他最为器重的将领常遇春，衢州一战威名大震，部属刘基等确曾驻扎衢州。流传数百年的保苗节，曾在柯山石桥寺内的井泉饮马，钦定龙顶茶茶名，落难饭甑山幸得石头娘娘保佑，从浮石上渡衢江保性命……如果没来过，为什么600多年来江湖上一直流传着他的传奇？如果来过，为什么他的故事都带有“相传”“据说”之语？有次，我在朋友圈发布这一疑问，不少朋友留言：幸好没来，否则衢州人民要遭殃。

471

衢州古为越族聚居地，到了元、清两朝，也有不少蒙古、维吾尔、满族等人士往来。元代地方官中掌实权者称“达鲁花赤”，通常由蒙古族人担任，有人却发现衢州历史上比较特殊，有好几任达鲁花赤都是维吾尔族人，如铁柱、薛超兀儿、伯颜不花的斤等。

铁柱于元泰定间莅衢，他对农业深有研究，著有农家的百宝全书《农桑衣食撮要》，为元代存世的三大农书之一，收入《四库全书》，被认为是维吾尔族对中华农学的贡献。书中还收集了一些民间农谚，如“十耕萝卜九耕麻”等，不仅涉及点豆种瓜、割麦插秧，还有晒笋干、做豆豉、腌萝卜等居家生活小制作，甚是有趣。

薛超兀儿（薛昂夫，汉名马昂夫）曾任衢州路达鲁花赤，相当于掌握实权的市长。后两度出任衢州路总管，并于常遇春攻占衢州时殉职。在他任上，衢州商肆繁盛，政治清明。他是以汉语创作而又最具少数民族特色的著名散曲家，作品意境开阔，格调豪迈，可与苏东坡媲美，与戏曲家马致远齐名，合称“二马”，被誉为“衢州太守文章伯”。一时之间，吸引诸多高官名流高僧文人雅集游览，采风创作。“三衢文会”盛况空前，足见他的感召力和影响力。

472

一代巨匠郑板桥、齐白石，都表达过自己是“青藤门下走狗”的意思。这个“青藤”即是绍兴人徐渭。他生前落魄人间，八次乡试名落孙山。可他又是“东方的凡·高”式人物，在诗文、书法、戏曲、绘画上独有造诣，并与衢州结下不解之缘。胡宗宪抗倭大军抵衢时，他写下“烂柯山下正围棋”的豪迈诗句。

473

明代著名戏曲家、文学家、“临川四梦”的作者汤显祖，曾任遂昌知县5年，龙游是他出入遂昌的必经之地，他不少于10次经过并夜宿龙游，留下了作品。当时，他正构思和创作传世巨著《牡丹亭》，龙游给了他不少灵感。据说《牡丹亭·劝农》中一段读来让人口齿生香的唱词，就写于龙游溪口：“红杏深花，菖蒲浅芽，春畴渐暖年华。竹篱茅舍酒旗儿叉，雨过炊烟一缕斜。”有意思的是，遂昌知县汤显祖还“越俎代庖”在龙游智破过不少疑难冤案呢！

474

刘国庆《衢州：“阳明心学”重镇》中记载：衢州，是明代阳明心学的重要涵养之地，是通往赣闽、湖广的必经之地。在王阳明的宦海生涯中，曾多次途经衢州，谒祥符禅寺、龙游湖镇舍利塔寺。这位享誉海内的大儒，多次盘桓于此，传授心学，门生甚众；其身后，衢州出现一批最具代表性的人物王玑、栾惠、徐天民等，立书院，兴讲会，官办衢麓讲舍，广播阳明心学，衢州成为当时浙西的心学重镇。

475

明代文学家、思想家、戏曲家冯梦龙，最著名的作品为“三言”(《喻世明言》《警世通言》《醒世恒言》)，与明代凌濛初的《初刻拍案惊奇》《二刻拍案惊奇》合称“三言二拍”，是中国古代白话短篇小说的经典之作。苏州人冯梦龙是否来过常山，目前尚无考证。但从其文学作品《智囊全集》、《情史》(又名《情史类略》)、《夹竹桃顶针千家诗山歌》(简称《夹竹桃》)中多次记载常山故事、诗词和民歌来看，他与常山还是很有渊源的。

476

康熙二十五年(1686)秋，大戏剧家洪昇乘舟溯钱塘江而上，过富阳、桐庐到达衢州。当时衢州平定耿精忠之乱不久，又遭受特大洪灾，民不聊生。他感慨万分，写下了不朽诗篇《衢州杂感》10首。他的代表作《长生殿》历经10年，三易其稿。衢州所见所闻，致使他在剧中设计了农夫高呼的台词：“一年靠这几茎苗，收来半要偿官赋，可怜能得几粒到肚！”

477

清代海宁查慎行是金庸的祖辈，金庸小说《鹿鼎记》的回目都是集查慎行诗中的对句而来。有人认为，他是可与白居易、陆游比肩的著名诗人。查慎行曾于匆忙间三过衢州，但他写诗一丝不苟，20多篇诗作大多贴近生活。从钱塘江溯流到常山，需要六七天时间。1717年，他第三次到衢州，太守专门雇轿启行，查老夫子不由得感激涕零。这细节，真有趣！

478

衢州在清代迭遭战乱，诗人很少在此流连游赏，故而写孔庙、烂柯山的诗极少；仙霞古道上的江郎山，倒常被人捎带写上几笔；而诗人必须亲自跋涉的仙霞岭，相关诗作更是多如牛毛。

479

清代大才子纪晓岚到过衢州，在衢江码头写了一首诗。船快了，“千里江陵一日还”，何等爽气；船慢了，几百里水路磨蹭7天，修炼得平心静气。人称其为“一时之大手笔”，实非过誉之辞。就算到了偏僻的浙西，他也要涂抹几笔：“涨似春云淡似烟，参差绿到大江边。斜阳流水推篷坐，翠色随人欲上船。”令人击节赞叹。

480

20年前，江山文史学者蔡恭经研究发现：公元1793年，英国公使马戛尔尼一行在两广总督长麟的陪同下，经仙霞古道去广州，在穿越“中国最好的茶叶种植区”时随意采集植物标本，一批优质茶树苗被马戛尔尼带到英国殖民地印度，由英国东印度公司在加尔各答植物园中培植后大量种植，并且改变了数千年来茶故乡中国统领的世界茶叶格局。200 多年后的今天，印度已成为全球最大的茶叶出口国。仙霞古道上，古时有高山茶树和野生茶林，明代有贡品仙霞茶，如今又有绿牡丹，青枝绿叶走遍天涯，世界因此充满了江山茶的馨香。

481

印度茶源于中国“浙西茶苗”，这已是“史学界和文化界的公论”，是毋庸置疑的事实。2018 年 10 月，浙江大学教授方龙龙发表《常山：印度茶的故乡》一文，根据马戛尔尼及英国使团成员日记、法国学者研究成果，实地考察，多方考证，又得出新的结论：常山是印度茶的故乡！刘国庆《马戛尔尼使团访华的秘密：在清廷的落日余晖中，盗掘了常山茶种》，也记述了此事。

哎，不管是江山还是常山，反正都是衢州的茶山。

482

贵州人罗大春对衢州和台湾都颇有贡献。清同治初年，他随左宗棠督师驻衢，骁勇善战。他择省城杭州购地 2 亩余，花费 3000 银圆，建造西龙试馆，供衢州考生住用。

之后，罗大春奉命渡海驻防台湾，抗击日、法、荷等国侵略军，立功受奖。他在台湾开发山区，安抚少数民族，富有治绩。他还是台湾开山筑路的先驱，修筑由苏澳至奇莱道路（今苏花公路前身）。

2006年我到台湾时，曾走进苏花公路旁的开路先锋庙，拜谒过开路先锋爷罗大春。

483

衢州是闽浙交通之咽喉，林则徐多次途经。道光七年(1827)，43岁的林则徐为母亲守孝后，自家乡福建侯官至京都。然而，他只在日记里写了“见三爿石甚明秀”，就开始心忧百姓，“恐麦穗、菜花不免吹损也”。道光十八年(1838)，虎门销烟前一年，林则徐出京赴广东，再次莅衢，夜宿江山大溪滩浮桥边，他在日记里写道：“骤雨数阵，霹雳甚震。舟虽系缆而荡漾不定，篷窗皆漏。”

484

我国近代化先驱之一的名将左宗棠发迹于衢州。他既是镇压太平天国和捻军起义的悍将，又是抗击沙俄、维护祖国领土完整的封疆大臣。他从“未谙戎务”的一介寒儒，跃居军机大臣和两江总督高位，显赫一生。左宗棠在衢的活动，显示了卓著的政治和军事才能。衢州既是他镇压太平军的大本营，也是他官运亨通的发迹地。治衢期间，他整顿吏治，将饮酒作乐、借捐肥己者革职遣散。他上奏朝廷，恳请豁免兵燹后的衢州钱粮，百姓当年在菱湖一带建有左公桥。

485

晚清衢州知府林启是浙江近代教育的先行者，他莅衢施政，整顿书院，敦品励学，设立义塾，政绩卓著。他在衢州形成的办学思想，为他日后调任杭州知府，创办西湖蚕学馆（原浙江丝绸工学院前身）、求是书院（浙江大学前身）这两所大学奠定了基础。

486

历史上的衢州，佛教文化相当兴盛。耳熟能详的有天王寺、祥符禅寺、天宁禅寺、明果禅寺等。有记载的佛教寺院有百余座，历代高僧大德迭出，多位禅师曾莅衢云游，如曾陪同鉴真大师东渡日本的鉴真直系弟子法载禅师、延寿禅师、昙华禅师、咸杰禅师等。

487

弘一大师与衢州非常有缘，2019 年是他驻锡衢州 100 周年。他才华盖世，出家后两次来衢，在莲花寺、祥符寺、三藏寺研经，对衢州的影响非常深远。他在衢完成的《四分律比丘戒相表记》，奠定了他在中国佛学史上的地位，他被尊奉为第十一代律宗祖师。他在衢常用书法缔结佛缘。1923 年佛诞日（农历十一月十七日），他书写佛号 48 幅，衢州得者甚多，外地函求者也众，著名画家、上海美专校长刘海粟即从衢州求得弘一大师墨宝。

当年，弘一大师结交了衢州的几位有识之士，颇有几位得意的传薪弟子。如今，我们尚能见到毛善力、吴南章等在衢州祥符禅寺为大师赴瓯送行的照片，以及大师与宽愿法师的两张照片，弥足珍贵。大师抵达温州后，将其在衢州撰写的10余篇文章编成《晚晴剩语》，此为弘一大师一生手书最长的墨迹。

488

20世纪20年代，中国第一批地质学家李四光、朱庭祜、刘季辰等来衢进行地质调查。1950年夏，已是中国科学院南京地质古生物研究所第一任所长的李四光，委派卢衍豪、穆恩之两位科学家率队赴衢调查，历时10年，成果丰硕，迎来了1959年在衢召开的全国第一次地层现场会议。此后研究一直延续着，并在激烈的国际竞争中夺得中国第一个“金钉子”，大大提高了衢州在地学界的知名度。至于我国第十枚“金钉子”在江山确立，那已经是后话了。

489

美籍华人物理学家、诺贝尔物理学奖获得者李政道，曾在衢州求学，报告文学《李政道故国情深》中写到这段往事：“1941年，李政道刚满15岁，他忍受不了日本侵略者统治下的屈辱生活，决定离开上海。他和哥哥从上海流浪到了浙江的西部山区，进入一临时的中学读书……不久，日本侵略军打过来了，常山沦陷，学校被迫解散。”临中，即浙江省立临时中学第三部，校址设在常山县绣溪乡（现何家乡），专收从沦陷区出来到内地求学的学生。历史早已翻篇，常山人正鼓足信心打赢教育翻身仗，期待涌现更多的杰出英才。

490

应衢籍著名翻译家、浙江大学文科资深教授许钧之邀，法国著名作家、诺贝尔文学奖得主勒克莱齐奥与茅盾文学奖获得者毕飞宇相约衢州，品尝龙游农家风味，游览龙游石窟、龙天红木小镇、衢州水亭门历史文化街区、衢州孔氏南宗家庙，与孔子第七十五代嫡长孙孔祥楷品茗相谈孔子思想。作为第二位到访衢州的诺奖得主，勒克莱齐奥的莅临在衢州文学界引发巨大轰动。

算起来，已有两位诺贝尔文学奖得主来过衢州了。第一位是莫言，2003 年 10 月，他参与中国百名作家“走进浙西”大型文学采风活动，悠游衢州。2021 年 12 月，我赴京参加中国作协十大，见到了莫言先生。一说起衢州，他脱口说出当年到过的南孔、钱江源、根雕园、龙游石窟，如数家珍，让我心生感动。

491

浙江省文史研究馆馆员郭学焕，曾任衢州市委书记，是一位学者型官员，相继出版了《饮马衢江》《浙江古寺寻迹》等。20 世纪 90 年代初，当一些著名城市竞争申报中国历史文化名城时，衢州并不被看好，但他力主申报，1994 年衢州申报成功了。也是他，从沈阳黄金学院邀回孔子第七十五代嫡长孙、大陆最后的奉祀官孔祥楷。离开政坛后，他潜心追访历史，撰写了《孔子后裔在浙江》一书，向世人揭秘南孔。

492

在“中国氟都”巨化，有一位洋专家恋上了衢州。1994 年，63 岁的他从圣彼得堡来到衢州，受聘于巨化集团。西特里维·德米特里·尼基甫洛维奇，这位被昵称为“老西”的俄罗斯应用化学科学中心总工程师，已在中国工作 28 年，架起了中俄合作和友谊的桥梁。他是被习近平点赞的人，获得过西湖友谊奖、改革开放 40 周年 40 位最具影响力的外国专家等诸多奖项。“只要中俄两个巨人携起手来，美、日、英、德垄断世界氟化工行业的格局，必将被打破！”这是老西留下来的原因。

493

2015 年 4 月，著名作家、原文化部部长、中国作家协会名誉主席王蒙偕夫人来衢采风，参观了北门街、水亭街等历史文化街区，在南宗孔氏家庙与孔子第七十五代嫡长孙孔祥楷相谈甚欢，大赞“衢州是个好地方”。他还为衢州人做了《传统文化与价值建设》的主题报告。我们《衢州日报》文学副刊《橘颂》刊头，就由他亲笔题写。

494

衢州人请来中国美术学院建筑艺术学院院长王澍，把脉古村落保护开发利用，请他领衔担纲衢南片区乡村再造项目。王澍是世界建筑学最高奖项——“建筑界的诺贝尔奖”普利兹克建筑奖的中国唯一获得者，我印象最深的是他设计的宁波博物馆。当他与衢州的乡村相遇，会碰撞出怎样炫目的光彩？我还听说衢州有一座风格清丽的WC，设计师也是他。请记住这位“中国最具人文气质的建筑家”所言：建筑师想要对社会有贡献，就必须成为文化战士。

495

2014年9月，中国美术馆馆长、中国美术家协会副主席、中国雕塑院院长吴为山，向衢州中国儒学馆捐赠他历经20余年呕心沥血创作的18尊孔子精品塑像。他从事雕像创作近30年，塑造了近500件文化名人雕塑。他把这些精品捐献给衢州，永久地存放在孔子雕像艺术馆，就是希望这些塑像能与世界各地的来宾对话，发挥更大的教化作用。

496

古人云“读万卷书，行万里路”，也可以用“行万里路，作千首诗”来形容行吟诗人黄亚洲。黄亚洲是当今中国行吟诗人的代表，先后为衢州创作了多首好诗，《烂柯山：衢州时间》就是其中之一：浙江衢州的这座山，/与时间焊在一起，/世世代代都掰不开。/在时间里，人只是一忽。/神仙的对弈对每个人都是一个启示：/人生的每步棋该如何落子。/或许，不求胜，做活就行。

497

有一个比崔永元更“疯”的女人，揭露了细菌战这件令人难以想象的事。美国历史学家谢尔顿·H.哈里斯说：世上如果有两个她，就足以让日本沉没。她，就是为衢州及中国的细菌战受害者不懈奔走、赴日诉讼的王选。难忘她的一句话：“看见了，就不能背过身去。”

498

有的人过了30岁，就觉得自己老了。可有的人，60多岁时又开启了一段新的人生。比如说台湾高雄的许叔。许叔全名许天佑，曾经是一位叛逆的电影人，也曾背包走遍了五大洲100多个国家。48岁那年，他从台湾来到大陆，躲进福建深山当农民。如今，他落户衢州黄坛口，守着新开垦的50亩农田，专心打造理想王国的“一亩耘心”。

499

高山和密林往往成为方言的分界线，浙江十里不同音，往往翻过一座山，跨过一条河，就可能无法与人交流了。浙江省已经确定的方言点就有88种之多。浙江人讲起家乡话，都自带加密和屏蔽功能。衢州话，因经历了战争、屯兵、移民，深受吴、徽、赣、闽等方言影响，同样复杂而又神秘。

500

浙江 11 个地市方言大 PK，衢州话好听程度排名第七。我总忘不了 2008 年凭原创歌曲《说唱衢州》火了一把的衢州城里腔歌手“老牛”，特别是开头那句“卖大蒜嘞！卖大蒜嘞！……”这段老衢州人耳熟能详的旋律，在大街小巷传唱开来，在网络上收获了近百万的点击量。用衢州话说，就是“危险厉害危险赞喂”！

501

衢州方言中有一句名言，一个字，出现三次，三种念法：“我大姐到大南门去买大蒜。”衢州人是这样念的：我大姐到“度”南门“ki”“卖”“代”蒜。同样一个“大”字，第一次读“大”，第二次读“度”，第三次读“代”。其中“去”的发音还找不到对应的汉语拼音，不得已用音标“ki”来代替。

岂料，我还是挖掘不够，老底子衢州人相告：“大”字还有第四种读音——“我大姐到大南门去买大蒜，危险大喂！”句中的第四个“大”，读“海”。

502

普通话太官腔、太苍白，衢州话则十分生动。

比如“非常好”“很好”，衢州人说成“危险危险好喂”，说话的样子好“萌”啊！衢州人说的这个“危险”，不是平常意义的“危险”，而是程度副词，是“非常”“很”的意思。“危险危险好喂”不是指大难临头，而是“好得不得了”。“很危险”，衢州人称为“危险危险”……能说出这些浓浓的衢州腔，毋庸置疑，他一定是真正地道的衢州人。

在衢州，我们提问说“哈冷”（怎么）；在衢州，我们的孩子很“咔巴”（乖）；在衢州，我们的膝盖叫“磕磨斯头”；在衢州人，我们称姑娘为“娜妮”，有一首老歌《小芳》，用衢州话来唱就是：村里有个娜妮叫小芳。

衢州方言生动又可爱

503

衢州人喜欢在句子后面拖个语气词“喂”“嘞”之类的，走在街上，如果听到有人张嘴就是“喂、哇、嘞”的，“走喂”“快点喂”“吃喂”“做啥嘞”……那他一定是个纯正的衢州人。我猜想，这是不是传承了婺剧之乡的一种腔调呢？流丽、清柔、婉转、欢快、激越、豪放、雄壮、悲怆，就像在渲染各种语境、氛围和剧情。

504

无论走到哪里，衢州人都可以用口音认出老乡。老衢州喜欢自称“神里宁”（方言，城里人），在外地只要听到乡音，就会激动万分地上前打招呼：“喂！你神里宁啊？”“嗯，嗯，我也是神里宁喂！”确认过眼神和暗号，大家都是“神里宁”——衢州人。

一位在新加坡留学多年的朋友，有次在网上听见了一首用衢州话演唱的歌曲，激动得潸然泪下；一位在北大读书的学生，因为听见了一句“你黄昏吃过嘞（fěn）（你晚饭吃过了吗？）”而兴奋到泪眼婆娑，这就是文化乡愁无限的魅力。

一位已经成了新疆人的江山人告诉作家胡韶良：她在一家商店里买东西，不知怎的，嘴里漏出了一句江山话，出门后被人追了2个多小时。直到家门口，她才明白追她的是江山老乡。两人滔滔不绝，说着久违的江山话，泪如泉涌，乡情之浓烈难以言表。

505

过去流行一句俗语："天不怕地不怕，就怕江山人讲普通话。"有网友在微博上发布"中国十大最难懂方言"，江山话和温州话并列第一！《澳大利亚人报》披露了一个隐藏已久的秘密：20世纪八九十年代，澳军常规潜艇对中国展开侦察，专门培训了一批女兵学习中文，负责监控中文语音通信。当时，我国担任机密通信的话务员只说流传区域非常小的地方话——江山话，江山便有大批学生入伍成为通信兵。

如此难懂的方言，影响了与外地人的沟通，却特别便于"情报交流"。抗战时期，军方用江山话建立了绝密信息传递体系，为情报工作做出了巨大贡献。

506

40多年前，农民学哲学红遍全国时，江山"红脚梗哲学家"被请到北京讲课。对他们的江山腔普通话，见多识广的周总理与邓大姐合作起来，也仅能听个半懂，而被请来当翻译的两位浙江人——在中办工作的宁波人，听了半天连一半都没听懂。

507

因在语音、语词、语法中保留了大量的中古汉语，江山方言号称古汉语的“活化石”。江山方言中有典籍可查的先秦两汉时期古词语共有345个，其中汉代的有168个，占48.7%。据衢州甲骨文专家徐云峰先生考证，“三千年前的中国人或说江山话”。现在，江山方言中很多字都能在普通话里找到对应的字。江山人称“说”为“曰”，江山方言研究者姜洪水统计，一部《论语》有755个“曰”，全国42个方言区2000多个县，只有江山人用“曰”。“吃”为“咥”(dié)，《易·履卦》“履虎尾，不咥人”；“泥块”为“泥 pú”，《说文解字》中有“墣”(pú)(“块”也)；“母亲”发音 jiě，在《广雅·释亲》中找到对应的字“毑”(“母”也)；江山方言“回家”，读音为“客归”……

最近，衢报通讯员吴群来稿称开化方言中的亲属称谓也留有古韵，与普通话大相径庭，比如妈妈叫“迈”，父亲称“哟”“老哟”或者“伯伯”，父母称“哟娘”，妻子叫“老毛”，婶婶叫“毛毛”，等等。细细考究起来，这些称谓实际上保留了我国古时的称谓或读音，有着特别的文化传承。

508

位于闽浙赣三省交界的廿八都，在江山一个方圆不过十数里的小山谷中。这个只有区区三四千人口的古镇与众不同，此地交流着13种方言，繁衍着140多种姓氏，民俗风情非常奇特，被称为“百姓古镇、方言王国”。

509

“努泽龙游侬！”别看龙游地方不大，但龙游人说起话来非常自豪与骄傲，正所谓“东游西游不如龙游”。在外人听起来，龙游话语速平快，听着很硬气，也有人戏称龙游话是“最不适合谈恋爱”的方言。“蛮长咯日子，哇米听到你，对努刚你最欢喜的故事。”这是用龙游话翻译的光良《童话》的歌词：“忘了有多久，再没听到你，对我说你最爱的故事。”

510

好山好水出好货。衢州有的是原生态、原产地、原口味的土特产。

南方有嘉木，衢州有好茶。18世纪只有中国种植茶叶，当时的茶叶比丝绸和陶瓷等还要畅销。衢州种茶，起于唐，盛于宋，有着1200多年的悠久历史。好山配好水，好水配好茶。衢州这杯好茶，值得细细品味。

511

在柯城，有一种喝茶叫“点茶”。柯山点茶技艺“非遗”传承人叶德贞说：点，是一个动作，即把茶叶磨成的粉末放入茶盏，然后加入开水，用茶筅击拂，从而调制出一盏茶饮。点茶的兴起，据说与宋徽宗及其《大观茶论》关系密切。叶德贞团队花费10年成功研制复原了点茶的原材料龙团凤饼。想象一下，品着香、甘、重、滑的点茶，是否可以梦回宋朝呢？

512

钱江源头水，龙顶山上茶。一条钱塘江，首尾两名茶。龙顶茶和龙井茶，并称为中国绿茶的两朵奇葩。因此当地便有“一江挑二龙”的说法：江头出龙顶，江尾采龙井；送人送龙井，自己喝龙顶。倒也耐人寻味。

一条钱塘江，首尾两名茶

513

开化龙顶兴于唐，为芽茶始祖，区域公共品牌价值超过20亿元。明崇祯四年(1631)“进贡芽茶四斤”，清光绪二十四年(1898)进贡以“黄绢袋袱旗号篓”。高山云雾孕育出的开化龙顶，隐有兰花或板栗之香，就像到了森林，喝到了甘甜的山泉，鲜醇爽口，回味甘甜。如今，龙顶走进全国两会，成为国家围棋队指定用茶。

514

著有茶人三部曲的女作家王旭烽，把开化龙顶誉为品质优良、似山中隐士的“山中老衲”，她的《山中老衲》被开化人奉为经典茶经。

所以，一定要用与衢州一样的好水，一定要泡在玻璃杯中，这样你才能亲身体悟龙顶干茶色绿、汤水青绿、叶底鲜绿的“三绿”特征，才能亲眼观察到“杯中森林”“水中芭蕾”“绿衣佳人”的美妙。

515

春天与衢州好茶是绝配。一年的等待，等来春天里的第一杯绿牡丹，那鲜翠欲滴，那鲜醇甘爽，最能唤醒记忆深处的乡愁乡味。作家王西彦说，江山有一种被称为“绿牡丹”的茶，浸在水里就像是一朵朵盛开的牡丹花。郁达夫《仙霞纪险》中说：在关帝庙里喝了一碗茶，买了些有名的仙霞关的绿茶茶叶……大诗人苏东坡任杭州太守时，江山籍同僚毛滂、诗友毛正仲都以仙霞山茶相赠，苏东坡则以诗书答谢。连苏东坡都赞不绝口的好茶，你不想喝一杯？

江山名茶绿牡丹

516

作为茶业界的新贵，江山罗洋曲毫茶是近些年的新宠，懂茶的人都喜欢它。高山云雾出好茶，罗洋曲毫茶园建在浙、闽、赣三省交界处深山区的山腰上，海拔千米，环境优良无污染，加工工艺精湛，“茶过七道，空杯留香”，一缕茶香过千山，深受消费者青睐，市价高达每斤千元。罗洋曲毫曾在杭城参与竞拍，拍出了一斤3800元的高价。

517

龙游曾出过明代贡品方山茶,“方山古刹白云隈,紫茁蒙牙发石苔。忽遇道人天外至,幽香移入小壶来”,说的就是方山茶。龙游有个茗皇公司,多年专门从事红茶、绿茶、乌龙茶、花茶、普洱茶、砖茶等各种速溶茶的研发,年产速溶茶500吨,生产规模中国第一。

518

近些年,黄茶异军突起,一株珍稀黄化变异茶树品种,从野丫头长成了公主。20年前,“中黄3号”的野生母本在龙游县罗家乡圣堂山被发现。其氨基酸含量特别高,为一般品种的2倍以上,滋味醇厚浓郁,一杯在手,香透齿舌,味沁胸腑,回甘绵长。

519

衢江区乌溪江一带盛产三种好茶,其中有“小西湖龙井”之称的“九龙神针”名茶是浙江农业博览会金奖产品。唐代名刹明果禅寺位于衢北云雾山中,山水神秀,自古多有名臣、诗人徜徉于此,品茗论道。好山好水出好茶,南宋诗人曾几《衢僧送新茶》曰“满奁青箬送春来”。千年儒释道,万古山水茶。刘国庆等人挖掘开发出曾经的贡茶明果禅茶,颇不易得。

520

现在，让我来好好说一说橘子。

1400 多年前，有关衢州柑橘最早的文字记载是北魏郦道元《水经注》："混波东逝，迳定阳县。夹岸缘溪，悉生支竹，及芳枳、木连，杂以霜菊、金橙。白沙细石，状如凝雪。"

北宋苏轼有诗"一年好景君须记，正是橙黄橘绿时"，他最最难忘的景致莫过于橙黄橘绿的初冬。宋代诗人杨万里的《衢州近城果园》有"黄柑绿橘深红柿"诗句，800 多年前，衢州、常山一带的柑橘就非常多而且有名了。

比马可·波罗晚了 300 多年、同样也留下游记的徐霞客，一生到浙考察 7 次之多，在游闽游赣时 4 次经过衢州。与前者相比，徐霞客寄情山水多，关注社会少。但他到了航埠，还是以橘子来反映社会经济状况："西岸橘绿枫丹，令人应接不暇……五里，为黄(航)埠街，橘奴千树，筐篚满家，市橘之舟，鳞次河下"，为著名橘乡航埠留下记录。

明李有朋《黄埠》开篇一句"钟响知寺近"，不知他是否想到过"夜半钟声到客船"？黄埠，就是如今的橘乡航埠，河边有座寺，寺院里有口钟。河两岸有碧绿的树林，春天空气中弥漫着橘柚花的清香，还有日夜不停的水碓……这一幅田园风光，古今之间竟然毫无违合感。

清朱彝尊在《篁步桥》中写道："江皋有篁步，地似果园坊。渐远鱼虾市，真成橘柚乡。"篁步也即今天的航埠。民国时期，常山招贤盛产柑橘，每年运往衢州、杭州的柑橘达数十万斤。

521

据文献记载，衢州柑橘品种众多，后魏时有芳枳、金橙。宋时有橘、柚、柑、卢橘、金丸橘。元代新增衢柑。明代时，更有柑、橙、柚、狮橘、漆碟红等 20 余种。清代，进一步发展到朱橘、绿橘、金匾、蜜萝柑、香橼等数十种，并形成了地方品种“衢橘”。

衢州柑橘质量上乘，明代何乔远《闽书》称：“近时天下之柑，以浙之衢州、闽之漳州为最。”

当年，如何将柑橘保鲜并远销苏杭直至京师？机智如衢州橘农，一是在品种上做选择，“诸橘中唯狮橘皮厚，可达京师”；二是在包装物料上做文章，“多用木桶捆载”。

522

元朝著名学者、诗人、政治家王恽到衢州，这个北方人第一次尝到衢柑，很激动地写诗一首。长期为皇帝近臣，部长级的他也只是初尝佳果，可见当时衢柑之珍罕，不像现在大众都能大快朵颐。张可久的散曲《落梅风·玉果山先上》说“肃斋翁命赋狮橘”，狮橘是衢州的一种特产，皮厚耐冻，是唯一可抵达北方京城的贡品。我这个外行至今还不知道狮橘长啥样。元明时期，衢柑和福建漳州芦柑为全国之冠，柑中极品。我在《衢州市志》中发现，1952 年 11 月苏联园艺专家华西列夫曾到衢县航埠考察柑橘栽培技术。如今，衢州之柑味浓耐贮，产量居全国第一。衢州人一度自信缺失，打着芦柑的名头卖衢柑，走了一大段弯路。

衢州是中国柑橘主产区之一，号称“中国柑橘之乡”。衢州人对橘子又爱又恨。椪柑是衢州的特色品种，中国国家地理标志产品，有“亚洲宽皮橘之王”的美称。早年刚用电脑办公、采编那会儿，字库里没有“椪”字，需请印务公司的制版工拼造。

王恽初尝衢柑

523

衢州市教育局朱云福先生回忆：普通百姓不会写诗，就把橘子编进了戏文。航埠流传着乾隆皇帝偷摘橘子被放牛娃发现，被村民罚戏,还把航埠产的衢橘御封为“七点红”的故事。衢州人视橘树为摇钱树,橘林中不断涌现万元户,衢橘成就了那个火红年代。20世纪八九十年代,一棵橘树的收入相当于一个中学教师一个月的工资。当时有种说法,橘乡人待客,宁愿烧三个鸡蛋,也舍不得给人一个橘子。

524

我到西藏那曲采访时得知,全国唯独西藏要放“虫草假”,让孩子们回家帮父母挖虫草。而当年橘乡航埠所有的中小学校,都要在立冬前后、橘子成熟之际,放农忙假一周,让学生们可以热火朝天地帮家里剪橘子。

525

大学时,全班7个女同学都有小名,我就叫橘子。父母出差杭州,经常给我带蜜橘,有3个室友比我还爱吃橘子,衢橘甜过初恋啊!很多同学都记住了衢橘,在毕业留言册上写着:怀念你的橘子,怀念你的笑脸;到衢州去,吃橘子去……时至今日,同学们依然记得衢橘的甜美。

526

王蒙先生来衢州,应邀为我们题写刊名,读者每周一都可在《衢州日报·人文周刊》上看到他的题词。《橘颂》也是衢报复刊以来历史最悠久的版面,从来就没有停办过。1985年初夏,撤地建市,金衢分家,衢州再次升格为地级市。三衢大地像一池滚沸的春水,到处是兴奋的面孔和新开的工地，我们的衢报也在这股汹涌澎湃的春潮中复刊。复刊后的文学副刊，我的副刊老前辈便用《橘颂》作为刊名，让人想起屈原的“后皇嘉树，橘徕服兮。受命不迁，生南国兮……”有缘的是，我到衢报工作30多年，在多个岗位轮转，但始终不离不弃的就是《橘颂》，上面经常刊载副刊作者写的橘乡故事。在衢州人的眼里，橘子就是家乡的象征、永远的乡愁。

527

有过几百年辉煌的衢橘“朱红”在明代就是贡橘，它皮薄，肉嫩，红彤彤的，挂在树上就像冰心笔下的小橘灯。衢橘曾经因为口感太酸、籽太多而不受待见。但近年来，又有人开始喜欢寻找为数不多、价钱昂贵、红火讨喜的衢橘了。籽多怎么了，多子多福呗！衢橘，因为缺陷被淘汰，却因为被淘汰反而显出了珍贵。

528

20世纪80年代中后期，衢橘渐渐地被一种新型果子胡柚替代了，一片片衢橘树变成了胡柚林，产量翻倍增加。

20世纪90年代末期的一个冬季，我跟随总编王建华参加“路教”，在石梁镇坎底村待了一个月，和橘农们一起为橘林“三疏一改”，让柑橘产业转型升级。我当时有个小砖头一般雄壮威武的大哥大，但近在城郊的小村庄没有信号。你知道当时什么事最让我快乐吗？就是村支书王雨清在广播里高声喊我：“小许，小许，有人找你，快来接电话！”活动结束，我在全市大会上做了《在石梁路教》的发言。或许是因为以记者的视角描述了橘乡石梁，给人印象太深刻了吧，多少年以后，有陌生人见到我，依然会说："我听过你的发言，很生动，不是我讨厌的八股腔。"

现在，小村庄更美了。我经常会去走走，看看乡亲王村侬、卸（衢州方言中，"小"发音为"卸"）铜鼓、卸莲姣他们，就像回到自己家。

529

如今，在衢州，除了老朋友椪柑、蜜橘，柑橘的朋友圈在不断扩容，新朋友在大面积地安营扎寨，什么日本柚、沃柑、春香、春见、甜橘柚、红美人、满头红……每一种都好吃，让人傻傻分不清。看到新闻说，衢州有个家庭农场，成功种植鸡尾葡萄柚，40 元一公斤，贵是贵，但几天就销掉 8000 公斤。一经品尝，我果然感受到它的口感之好：甜嫩多汁，一瓣入口，清爽十足。

530

到了衢州，是必须带点蜂蜜回家的。江山蜂业连续 27 年位居全国之首，"中国蜜蜂之乡"招牌闪闪发光。恒亮蜂业的产品远销三四十个国家，与百年老字号"同仁堂"牵手合作，还成功挂牌上市步入资本市场。颇具江山特色的健康+旅游之"探蜜游"，吸引了许多老年人旅游团。江山福赐德公司有个全省首家蜂疗诊所，老总徐水荣建议我尝试蜂疗，买箱蜜蜂当宠物。纵然我每天都要喝蜂蜜水，也会去尝试蜂疗，但买蜜蜂当宠物我是断断不敢的。哈哈哈！

531

江山养蜂人四海为家，花开的地方就是他们逐梦的地方。蜜蜂是勤劳敬业的江山人的象征，江山人颇具蜜蜂的团队精神。遍及全国的蜂业群体，正是这种蜜蜂精神的结晶。作家胡韶良说，若要设计“市徽”，江山的“市徽”采用蜜蜂的形象最恰当。

532

江山养蜂人已随着勤劳的蜜蜂走遍全国。他们常年在全国各地追花夺蜜，让江山蜂产品扬名海内外，同时，也孕育了“江山蜂王”汪礼国这样的专才奇才。10 多年前，他因患绝症而被医生断言“只能活半年”，然而 30 多个半年过去了，他依然健康而精彩地活着，与甜蜜事业共舞，只为一口“江山甜”。

533

一次偶遇，让常山县作协主席连中福开始了与中华小蜜蜂的结缘。他真的把土蜂当宠物，用质朴的文字记叙与蜜蜂相伴的感悟与感动，最终成就了一部 15 万字的非虚构作品《蜜蜂有灵》。他以《我有千军万马》为题为自己的书作序。生态美，蜂知道，好一幅听得见人类与动物各自心跳的和谐“心电图”。让人的思绪跌宕飞跃，忍不住想飞向乡间田野，看看他精心呵护的小精灵，抿一口新酿的土蜂蜜。

534

以前我只知道网络情人节5·20是小情侣表达浓情蜜意的日子，现在才知道它还是甜蜜制造者小蜜蜂的节日——“5·20世界蜜蜂日”，开化县喜提“中华蜜蜂之乡”称号。在天然秘境里酿造的“开化蜜”，是人与自然和谐相处的产物，也是村民增收致富的甜蜜途径。开化农家有养蜂的习惯，我多次看到山崖上摆着农家土蜂桶。曾听一位养蜂的村民说，他家2个蜂箱一年可收割7公斤纯正无污染的土蜂蜜，每公斤240元，早被外地客户预订了。这么好的销售形势，是不是让村民们赶紧多养些呢？

535

据说，在所有的贵族水果里，最令民族主义者愤慨的就是新西兰奇异果。中国人被新西兰人欺骗了好几年才发现，什么奇异果，明明就是中国特产猕猴桃。江山还是“中国猕猴桃之乡”呢！因从徐州引种，色若翡翠，味如初恋，酸甜兼具，于是江山猕猴桃便有了个类似文艺女青年的名字“徐香”。江山果农靠“徐香”发家致富。听说北方不少水果商不远千里来江山进货，只因喜欢“徐香”的口感和品相。

536

我的老同事范范发布过一则“舌尖体”短文，颇有意思：每年北半球夏天第一场雨下来的时候,中国南方城市衢州的市民就开始翘首等待杜泽方向的果讯。此刻,那些早已饱吸天地四季霜雪雨露精华的枇杷,已经被小心地装进竹编的箩筐,准备出发。挑过林地,越过村庄,果农们沿着往年走熟的路,搭上中巴沿着大马路进城去。箩筐最后挤挤挨挨地停在一条叫作太真路的老街上排开。果农们气定神闲在这个马路临时枇杷市场等待着熟悉的老主顾出现。那些闪耀着珠宝般光泽的黄色白色枇杷,会给这条安静的老街带来10多天的喧闹。市民们像过节一样涌到这里,带上三五斤酸甜的枇杷回家,与家人分享初夏的味道。果农带来四五千公斤枇杷,日日售罄。然后,枇杷下市了,指甲间还留着剥枇杷时留下的黄汁,市民们又开始期盼下一年的枇杷之约和热闹的"枇杷行"。这样心照不宣的约会,已有10余年。

537

绿水青山孕育生态特产。常山是中国胡柚之乡、油茶之乡、食用菌之乡,胡柚、油茶、猴头菇被誉为"常山三宝"。我是通过报告文学《茶油时代》结识著名生态文学作家李青松老师的。他为江山写过《塘源口猕猴桃》一文,这是中国首篇有关江山猕猴桃的美文。他还为"常山三宝"写了其中两宝《常山胡柚》《木榨茶油》。李老师,您何时写写《猴头菇》呢?

538

常山县青石镇澄潭村胡家自然村,有一株115岁树龄的胡柚祖宗树。清康熙《衢州府志》记载:“抚州明时惟西安县西航埠二十里栽之,今遍地皆栽。”抚州即胡柚(常山方言中,“抚州”与“胡柚”同音)。人们一直传言胡家村是胡柚的发源地,已有600多年历史。胡柚可能是柚与甜橙、柑橘等自然杂交而成。当柚农们来到树前祭拜,怀揣的是感恩之心、喜庆之情和祈祷之愿。

539

光看常山人早年把张德江同志誉之“水果之王”的语录放在入城口,就知道这“健康水果”有多好了。常山是全球唯一的胡柚产地。20世纪80年代以来,10多任书记齐抓一只果,胡柚是常山农业经济的扛把子产业,与可口可乐、百事、娃哈哈、康师傅、胡庆余堂等国内外大牌都有战略合作,深加工产业链不断延伸到药用、保健、美容护肤系列。全县10余万亩胡柚一年带来10亿元总产值,谁能说,胡柚不是一只“健康果”“喜顺果”“致富金果”呢?

特别感人的是,2020年疫情期间,常山干部团队通过淘宝直播,为独具清凉祛火、止咳化痰、健肾润肺、辅助降三高等作用的胡柚代言,在一天2小时之内就吸引60余万人观看,现场下单27500箱共计11万公斤,探索助农新途径。同时,祖宗树所在的青石镇连夜运送了17吨胡柚给武汉抗疫前线,每一口都是爱啊!

540

常山胡柚利于肺!5000公斤常山胡柚“现身”武汉,“送货人”是阿里和马云！在2020年3月疫情肆虐期间，阿里巴巴公益基金会、马云公益基金会就向湖北武汉的医护人员捐赠了5000公斤常山胡柚。这些胡柚从常山疾驰600千米，于3月6日送达武汉，帮助医疗队员们清肺润肺，缓解抗疫工作的疲劳。5月7日，作为桃花源生态保护基金会联席主席，马云来到衢州进行相关合作项目签约，衢州火了，紧接着胡柚更火了！他在关注生态保护的同时，特别点赞了常山胡柚："口罩送了，防护服送了，面具送了，胡柚一送，疫情停了！"既点赞，又带货，胡柚不火也难呀！网友一片欢腾：既然马云喜欢常山胡柚，赶紧回家种胡柚去！作为常山人，太骄傲了，今年要好好管管胡柚，明年肯定大卖！朋友圈提前接受预定！……

541

细心的读者发现，其实，在著名生态文学作家李青松眼里，马云早盯上胡柚了。李老师在《常山胡柚》中这样写道——

常山人自己戏称胡柚是"自备冰箱"的鲜果。自然温度状态下，胡柚可以放置长达7个月的时间。味道不是越放越糟，而是越放越美。好家伙，这不是给马云准备的吗？有了"自备冰箱"，全世界任何角落的人不都可以吃到胡柚了吗？事实上，马云早盯上胡柚了。在常山的乡间，淘宝的网店就设在胡柚园旁边，比比皆是，方便极了。你想吃哪个园子里哪棵树上的哪个果子，动动手指轻轻一点鼠标，就等着吃吧。

542

从16分钟的短片到81分钟的电影，可爱憨厚的“胡柚娃”今年已经10岁了。“胡柚娃”是常山的形象代言人，它身上寄托着常山人的文化和情感认同。它有金黄的皮肤，胖嘟嘟的身材，头戴休闲帽，身着花衣裳，一双大圆眼，嘴角总是上扬……2013年开始，《胡柚娃》动画系列片亮相国内外影展，不仅在法国戛纳春季电视节和中国国际动漫节上火了，而且备受“一带一路”沿线国家片商青睐：“这个故事很中国！”2020年8月，由上海美术电影制片厂打造的以胡柚为主角，融合水墨、剪纸等多种中国传统艺术特色的动画电影《胡柚娃》，拿下“龙标”登陆全国院线，为火热的中国之夏带来一片清凉。

动画电影《胡柚娃》

543

油茶是中国特有的油料树种，被誉为“东方橄榄油”。《山海经》载：“员木，南方油食也。”“员木”即油茶。可见我国取油茶果榨油以供食用已有2300多年的历史。衢州多山区，油茶种植面积、产量、加工水平均居全省前列，全市各地都在发展油茶业。

毛主席关心，周总理用心，老百姓放心。

“浙西绿色油库”常山，用多年时间打造了一座“炸不烂的油库”。美国药典委发布我国制订的油茶籽油国际标准，常山油茶有了一张打入国际市场的通行证。

544

茶油被常山百姓称为“益寿油”，农民致富的“软黄金”，其食疗功能优于橄榄油，最优秀之处在于吃了不会胖。其烟点比橄榄油高，适合中国人煎、炒、烹、炸的烹饪习惯。从卖油到卖游，系列产品一直开发到美容护肤、工业旅游，从吃到看再到游，常山把油茶做成一条龙产业。官池百亩油茶基地奋战10年育出新品种，改变了老品种诸种劣势，一株新品种油茶能产一公斤油，亩产突破50公斤大关。

545

许多年以前，我看过市群艺馆辛冠中编导的男子群舞《山中那座油坊》,该舞荣获全国大奖,那原始粗犷、富有力度的美,格外震撼!2019年春参观常发粮油食品公司,也看到土榨坊的模型,老总“卖油郎”祝洪刚将油茶上升到“健康中国”、粮油安全的国家战略高度,希望生产、研发、经营能与文化结合在一起。特别要挖掘产于南方山区的油茶蕴含的红色文化,在革命年代,人民军队在艰苦环境中的发展壮大,一步都离不开茶油。

546

1993年末,定居香港的王丹凤夫妇首开健康饮食浪潮的第一招牌——功德林素食馆,同时主动与常山组建公司,开发“常发”牌山茶油。年逾花甲的王丹凤特地赶到常山剪彩,山茶油从此顺利开启“出名”之路。这段缘分,始终被衢州人所铭记。

547

青山绿水造就了常山这个食用菌“天然培养区”。“常山猴头”、金针菇,因口感特异和药用价值进入国宴。常山食用菌群里,也有“七大姑八大姨”,有猴头菇、金针菇、灵芝等8类10余个品种。常山县微生物总厂原厂长徐序坤是我国猴头菇产业开拓者,常山成为世界最大的猴头菇生产基地、全国最大的金针菇产地,这位“猴头王”功不可没。猴头菇营养价值高,味道鲜美,还富有药用价值,对慢性胃炎等有较好疗效。我在常山森力家庭农场,看到过一排排鲜嫩蓬勃的猴头菇。我也品尝过猴头菇炖土鸡煲、猴头菇炒肉片,那种鲜嫩柔润滑爽,直接鲜掉眉毛！连鲁迅先生都点赞："猴头诚为珍品，拟俟有客时食之。"现在，猴头菇批量上市，不必苦等客人来了再吃哦！

548

我们曾有个新闻观察点黄坛口，那里种的樱叶在日本极受欢迎。樱叶有特别的香气，樱花节上的樱叶饼、樱叶糕，平常的寿司、樱叶包鱼，都离不开它。黄坛口乡处于温润的山谷中，有独特的小气候，而且没有虫害，能够保持绿叶的完美形状。日本海归曾津组建了樱叶种植专业合作社，带动300多户农户种叶子、挣票子，一年产值就达500多万元。

549

"采菊东篱下，悠然见南山"，这是无数文人墨客心心念念的田园生活。在衢州，除了农夫、菜园、有点田，还有"带月荷锄归"的田园诗意。全市各地，有8000多个一米见方的迷你菜园，被大家亲昵地称为"一米菜园"。

别处是"转角遇见爱"，那天我去余东农民画村，转角就遇到了菜园子，豇豆、茄子、苦麻、四季豆、木耳菜、紫苏，各色蔬菜郁郁葱葱，南瓜、丝瓜、苦瓜、冬瓜，多种瓜果硕果累累。这些公园式菜园都是农房整治出来的边角料，配上整齐的栅栏、石径、竹篱，已成为衢州乡村的一道别样风景。这些巧手农妇，也被称为衢州版李子柒。

550

衢州有个远近闻名的“多肉华妃”，不过不是美女，而是帅哥——大学毕业返乡创业种多肉植物的上蒋村村民徐晓华，一位粉丝量达15万的主播。每天持续5个小时的直播里，他如同打了鸡血，口若悬河地叫卖自家产品。短短一年时间，从保险业务员，到种植主体，再到网络主播，徐晓华全家总动员，妻子助播，姐姐运营，父母打包，完成了近300万元的销售额，播出致富“新农活”！当初别人不理解他，现在，看热闹的人都成了他的铁杆粉丝，学做直播带货。

眼下，手机变农具，直播变农活，拿起手机当主播，已成为衢州农民致富新潮流。“华妃”所在的这个乡村振兴综合体，从闲置的农贸市场变身“农民网红”的摇篮，培训了3100余名新农人主播，开展直播2400余场，产品销售额达3000万元。

551

光撒网不捉鱼？50岁养猪大叔成网红撒网模特。喝着乌溪江水长大的余建青，以前是养猪倌，后来转型开了农家乐，然后学了撒渔网。很多摄影师前来拍摄他撒网的场景，他便成了乌溪江上唯一的撒网模特。现在他做模特年收入三四万元，加上经营农家乐，每年收入20万元左右。他做梦都没想到，有一天自己会披上蓑衣，撑起小船，撒出一张网，成为游客镜头中的一名撒网“超模”。游客们说：“他撒网的镜头，让我们唤起了童年的回忆，很温暖，很有诗意。”农家乐生意越来越红火，当地还建起了摄影基地，客流量也日益增多。

乌溪江上的撒网“超模”

552

2020 年，在新西兰工作 6 年的青年硕士“农创客”蒋清全，回到开化接手母亲的事业，在华埠镇新青阳村升级改造了家思牧场——集梅花鹿养殖、农事体验等于一体的生态观光牧场。2021 年，该村与青阳片区的 5 个村抱团成立了“田园牧歌”共富联盟。与鹿打交道，农人们变身快乐的牧场工人；绿草茵茵，鹿群漫步，游人们不出国门便可领略新西兰风情。

553

参与集市交易和看热闹，北方称为赶集，南方称为赶庙会，江山人称为赶墟，人流量大、交易量大、散墟晚的叫“老虎墟”，像老虎一样旺盛；人流少、散墟早的叫“赖薛（方言，意为撒尿）墟”，撒泡尿的时间墟就散了。江山许多地方至今还有赶墟的传统，五日一墟是乡下盛大的节日，我的很多同事说从小最爱的就是赶墟。即使现在有了双十一，但赶墟的情结仍然在大家心中生根。

554

号称“华东第一牛市”的贺村牛墟，与贺村的墟日是同一天。在农耕社会，牛是农民最依赖的劳动力。牛的买进与卖出，便成了农家头等大事，而牛墟是昔日牛只交易的重要场所。在20世纪70年代的鼎盛时期，这里的牛只交易量曾高达1000头以上。如今，牛去墟空，往事已成回忆，贺村蝶变成中国木业名镇、浙江竹木工业专业区、浙江省首批重点培育的27个小城市之一。

555

“85后”青年胡滟文、陈涌君放弃高薪从深圳回归乡村，以“飞鸡”激活“一池春水”，创业传奇登上央视，胡滟文得到了“女鸡长”的外号。

他们融入东西部扶贫，建起了1700个创收基地，向低收入农户赠送鸡苗;开发垂直电商平台,帮助销售六七万只龙游飞鸡,几百元一只还供不应求,年销售额达 4000 多万元,助农民增加纯收入千万元,带动国家级贫困户 3500 多人脱贫。真可谓:飞鸡成了印钞机,飞鸡飞出幸福来!

556

衢州的工业到底怎样?衢州有 30 多个"世界单打冠军",如巨化的丁酮肟、开山的钻凿机、恒亮的蜂王浆、圣效的对羟基苯甲酸……在国际市场上,它们都有一定的市场占有率、绝对话语权和定价权。

557

全国首个!衢州被授予"中国茶机之都"称号。衢州茶产业起于唐,盛于宋。从前,加工茶叶依靠柴火灶,炒一斤茶需要消耗六七斤柴火。如今,衢州在茶叶加工机械(简称"茶机")制造业领域取得了显著成效,已经达到国内一流、国际领先水平,成为全国茶机行业最大的研发和制造企业集散地。

558

乡贤汪正建带动五六家钢琴企业落地常山。这位企业家不简单,名下公司可年产高档的"乐器之王"钢琴 6000 套。常山的钢琴产业从无到有,从一开始的来料加工到逐步走向产业配套、生产整琴、拥有独立品牌，只用了 2 年多时间。从“钢琴制造产业园区”向“钢琴文化创意小镇”方向发展，真的不是梦。

559

从“东方红一号”卫星到神舟系列宇宙飞船、“嫦娥”系列探月卫星等航天器，一直采用开化产的空间用太阳能硅片。开化硅声名鹊起成为“金名片”，虽然历经沉浮，开化光伏产业仍不断发展壮大，“一硅飞向蓝天”的壮志豪情依旧在继续。

560

胡涂硅，“不糊涂”。浙江胡涂硅科技有限公司收到了“长征五号”运载火箭型号办公室邮寄的一封感谢信。2020 年 5 月 5 日，“长征五号”B 运载火箭首次飞行取得圆满成功，实现我国空间站阶段飞行任务首站告捷，该公司供应了品质优良、性能可靠的新材料。据了解，“长征五号”B 运载火箭的材料供应商有近 2000 家，而获得感谢信的不到 10 家。

561

你喜欢吃的口香糖里，有衢产木糖醇。用木糖醇代替糖做甜味剂已成世界趋势，亚洲最大的糖醇生产基地在开化。近期在 A 股成功上市的开化华康药业以玉米芯、淀粉等为主要原料，年生产木糖醇 2

万吨，生产规模居世界第二，为娃哈哈、乐天、箭牌、绿莎、大大等国际知名企业提供糖醇。

562

“四省通衢”为衢州商业发展奠定了地理优势，明清崛起了盛极一时的龙游商帮，出现了一批知名的老字号品牌。如今，不知还有多少衢州人知道这些品牌？如南宋初期的“百泽坊”米店，顺治七年（1650）兰溪姜姓商人开办的“永生堂”药店，乾隆二十一年（1756）宁波三商人合开的天福堂药店，嘉庆二十五年（1820）创立的清湖公泰酱园，光绪九年（1883）创办的滋福堂药店，光绪二十一年（1895）开张的邵永丰麻饼，以及衢城徐兰记、集贤楼易记、田福记、聚丰园等四大菜馆……它们都在衢州的商业文明史上留下了辉煌的篇章。

563

相当长的时间里，只要提起宫宝口服液，衢州人就会想起吾老七。他被誉为衢州版的步鑫生、褚时健。20 世纪 90 年代，他和他的产品名震大江南北，宫宝创下了年销售额上亿元、利税 2400 万元的辉煌业绩。那时候，几乎所有衢州人都服用宫宝。每年橘子成熟的季节，生意特别好，大家都会买些宫宝补补，采起橘子来特别带劲儿。衢州人民记住的不仅是他朗朗上口的名字，更多的是吾老七和宫宝的故事。

564

20 年前，几乎人人知道，龙游有个 001。创始人项青松是一个普通的农民，但他发明的 001 系列天线，曾 6 次荣获国家级金奖，产品覆盖了除西藏以外的中国大地。公司经过近 30 年的发展，已成为国内规模最大的电视接收天线生产企业，他被誉为“天线大王”。他拥有各类专利 290 多项，并依托高校、科研院所计划再造千位百万富翁。

565

比起“什么赚钱做什么”的温州商人，江山人显得专业而执着。江山人敢干敢闯、创业创新的基因代代相传。从 20 世纪 70 年代的灭火器修理，到如今遍布长城内外的江山消防业商人，在中国独树一帜，人数达数万之众。江山消防人从打铜修锁开始，用万千水枪赶走祝融保平安。江山市作协主席周建新的小说《打铜修锁》还被改编成电视剧《闯江山》。

566

以前，走到哪个村，哪里就有东方超市。现在，走到哪个县，几乎哪里就有东方综合体。衢州东方集团董事长潘廉耻，来自以“师爷文化”闻名四海的古城绍兴，自有绍兴师爷与生俱来的智慧和谋略。他领航的衢州东方集团，最初只是一家仅有124间客房的单体酒店，如今已成为一艘巨型商业航母。

567

网友评过衢州最牛的县市区。最牛的区是市辖区柯城区，它是衢州的经济、商业、文化中心，也是衢州的老城区，近年借助旅游业，发展迅速，变化多多，可圈可点。柯城这地方，地名由烂柯山而来，相当于衢州版的皇城根儿。其许多特色与市区密不可分，乡宿、运动、田园、人文、味道，构成了溪山田园里的诗意栖居。

568

衢州的"活树"变"活钱"，"叶子"变"票子"，最早发端于柯城区，2017年他们在全省首创"一村万树"，通过绿色期权新模式，把绿色优势转化为实实在在的发展资金。柯城区的树，种来项目，种富村庄，种美景色，种下了绿色未来。

569

世界500强吉利集团斥百亿巨资打造中国运动汽车城，项目落户灵鹫山国家森林运动小镇。用休闲运动为乡村振兴赋能，在柯城已不是一件新鲜事。早在5年前，全球规模最大、由欧洲设计师操刀、法国专业团队打造的大荫山丛林穿越项目，就让当地尝到了运动产业的甜头。短短几年时间，国际划骑跑铁人三项公开赛、国际森林汽车穿越大赛、百里森林营道……精彩赛事不断，重大项目陆续开工，小镇人气越来越旺，周边迅速涌现20多家中高端民宿。

570

全国最早，2015年衢江区组建了“乡愁办”，发动大家寻找记忆中的乡愁，一株老树，一爿水田，一件蓑衣……都是记忆中的乡愁。10万人次参与，线索57751条，还编辑出版厚厚的一本书。2018年，中国·衢江乡愁博物馆开馆，为全国首家！该馆由网上乡愁博物馆和实体乡愁博物馆组成，线上线下双轨运行，分过乡节、品乡味、学乡艺、听乡音、寻乡根、忆乡情、购乡货等模块，加上“1+8+X”实体乡愁博物馆。

571

衢江区的放心农业闻名全国，农业农村部首批国家农产品质量安全县名单中就有衢江区。衢江是衢州百岁老人最多的县（市、区）。衢江的乡村振兴主题宣传片《大国乡村》登陆纽约时代广场纳斯达克大屏幕。在“世界的十字路口”，10万人次的焦点目光聚集在衢江的放心农业和乡村振兴上。

572

在衢江区,有时候,吃食堂也是一种享受。水蒸农家土鸡蛋,能吃出初吻的味道;草莓保持酸甜原味,能品出初恋的感觉。哪怕是一盘看似普通的青菜,据说也有讲究:从菜地到食堂不超过半小时,烹饪过程掐着秒表——23 秒刚刚好,这“读秒青菜”果然好吃,绵软清甜。不要小看牡丹籽油蘸面包片,牡丹籽油是中国特有、衢江引进的,被专家称为“世界上最好的油”“油中贵族”“液体黄金”。“花中之王”油牡丹,产品附加值如此高,种风景难道不是种钞票?

573

龙游是衢州年龄最大的县,至今已有 2240 多年的建县历史,是浙江省历史上最早建县的 13 个县之一。唐武德四年至八年(621—625),龙游(当时称太末)曾是穀州州治所在地。穀州作为州治与衢州同时诞生,虽然留存时间只有短短 4 年。元末明初,还有一段改衢州路为龙游府的历史。

龙游是个考古大县,从地里发掘出来的宝贝时不时会给人带来惊喜,农民吴家兄弟翻新老屋,意外地挖出 4 只明代金杯,2 只菊花瓣造型,2 只莲花瓣造型,均为国家一级文物。青碓遗址是我省境内保存最完好的新石器时期遗址,比河姆渡文化早了 2000 年,比良渚文化早了 4000 多年。甚至有专家根据青碓遗址的考古发现大胆推断:龙游人极有可能是杭州人的始祖。

574

在浙江迄今发现的最早的新石器时代遗址——龙游县荷花山遗址中，发现了水稻小穗轴、炭化稻米、水稻植硅石遗存，以及脱壳的磨饼，这意味着早在大约1万年前，浙江人就吃上了人工栽种的稻谷。这是目前发现的人类最早栽种的稻谷。它为龙游所在的钱塘江上游地区是世界稻作农业文明重要发祥地之一增添了关键性的佐证。

575

衢州最牛的县级市是江山，江山来头可不小，头上的光环不少于10个，什么“国际花园城市”“中国猕猴桃之乡”“中国蜜蜂之乡”“中国水泥之乡”“中国木门之都”等等。

“江山”，响亮，好记，又霸气。每当向外地小伙伴介绍自己是哪里人时，江山人总比别人更有一种与生俱来的底气，一张嘴就是“江山如此多娇，引无数英雄竞折腰！”江山的“前世”是须江县，在五代十国时期被改成“江山”。

江山人挺讲政治的。江山的广告词是“毛泽东祖居地”，路边广告牌上写的是“江山如此多娇”，出自毛泽东的词《沁园春·雪》。尽管伟大领袖点赞的是祖国的大好江山，不过用在这里，简直天衣无缝，恰到好处。

576

江山作家胡韶良写过《神一样存在的江山人》，总结了江山人的个性：江山人个性中的“硬”，是一种“硬扎相”“重气胜过重财”。江郎山屹立不倒，塑造了江山人民正直刚强的品格。

著名作家汪浙成对此感慨良多：岳飞被诬入狱，满朝官员敢怒不敢言，曾与岳飞并肩抗金的江山人祝允哲挺身而出，上疏愿以全家70余口性命为岳飞父子作保……“这是何等的气概！需要多大的勇气！”

神一样存在的江山人，是名副其实的浙西“犹太人”。目前有近20万江山人活跃在全国各地及近40个国家和地区，经商者不下10万人。我和同事去各地采访，接待我们最多的就是江山人。

577

常山县领导介绍县情，喜欢讲常山版“港澳台”：全县总面积1099平方千米，与香港相似；人口34.2万，与澳门相似；地图形状，则与台湾相似。同时，他们还喜欢用“一十百千万亿”来表述：“一”是指一座慢城，小城实现了国际梦想。这是常山最具标志性的一张“金名片”。我入住常山的酒店，发现床上铺着一个剪纸小蜗牛，一头毛巾叠的大象。哈哈！常山是中国第七座也是唯一坐落于城市中的国际慢城。这里的“慢”得到国际认证，两度上榜全国百佳深呼吸小城，雾霾永远不会成为忧虑，堵车更是难以见到的“奇景”，体现的是慢生活、快发展的常山画卷。

2021年12月，常山请来奥运冠军杨倩代言，发布了全新的城市品牌——共富路上“一切为了U”。“U”，代表特色农产品“胡柚、香柚、茶油”，代表“旅游”，更代表“你”，一切为你，为人民。

578

“中国最美的绿叶”，开化人的想象力高出天际！开化依山而建，伴水而居，因山水而美。你只要看了县域版图，都会灵光闪现：“哇，开化不就是一片漂亮的绿叶嘛！”2439条河道如网密布，联结着无数的美丽景点、生态乡镇和最美乡村，构成了开化这片“绿叶”的脉络。

579

“北京的夜晚没有星星。”这是电影《流浪地球》里的一句台词。星空摄影师戴建峰在国家地理中文网发布图文：世界上有80%的人生活在人造光的环境中，60%的人已无法看到漫天繁星与银河的美景。而在山清水秀的开化，江浙沪地区夜空最暗的地方之一，当所有的灯光突然熄灭时，壮丽的银河顿时出现在“江南布达拉宫”台回山上，仰望夜空，群星璀璨，仅用肉眼就可看到仙女座大星系——来自250万光年外的光芒！开化这片暗夜保护区，为子孙后代留下了仰望星空的地方。

写到这里，我耳边正响着爱尔兰女歌手恩雅的 *So I Could Find My Way*，禁不住泪流满面。天籁之音带我飞向星空，整个世界都安静了。

580

以前有个地方叫开化，现在有座公园叫开化，未来有种生活叫开化。开化，拥有生态美、景观美、产业美、城乡美、生活美“五美”的好地方。

在开化，连诺奖得主莫言先生都留下赞叹。2003年10月的一天，莫言走进钱江源采风。绿色钱江源，美好生态县，给了他深刻的印象：“这里的山水、空气很好！是一个让作家顿生灵感的地方！”于是，他提笔写下了“居神仙境，奔现代化”八个字。

581

钱江源是绿色之源，它的风，它的水，它的树，它的山，全是绿色的。作家耿国彪请来央视著名播音员郭志坚朗诵散文诗《钱江源的绿》，更让人感觉，钱江源的绿是需要慢慢品味的。

2020年，开化县GEP（城市生态系统生产总值）为700余亿元。从GDP到GEP，一个字母之差，凸显了绿色产业正成为经济发展的主色调……一大批村民吃上了“生态饭”“旅游饭”，打通了绿水青山通向金山银山的大道，开化人正在收获山水林田赐予的绿色红利。

582

一棵“拜年树”，种了41年，钱江源头绘出“红绿交融”春景图。从1982年到2022年，连续41个春节，开化再次刷新纪录！尽管县委多次换届，但春节后上班第一天县委领导带队“植树拜年”的传统从未间断。来看看41年风雨无阻、增绿添彩的一组数据：137万人次参加，植树2626万株，覆盖面积25.8万亩，全县森林覆盖率从60.1%提高到80.9%。再看看一组荣誉：全国义务植树示范基地、全国绿化模范县、中国天然氧吧、国家重点生态功能区等。

县领导介绍开化时，喜欢打三张名片：第一张是空气，85%是森地面积的开化，每立方厘米的负氧离子有14.5万个；第二张名片是突破了欧盟绿色壁垒的龙顶茶，一茶飘香四海；第三张名片，就是开化根雕，一刀雕出乾坤。

583

醉林，醉氧，再醉根。世界根雕看中国，中国根雕在开化。开化根雕与东阳木雕、青田石雕、乐清黄杨木雕并称为“浙江四雕”。一群根雕艺人在这片热土上寻根、恋根、醉根，用手中的刻刀，化腐朽为神奇，雕出了“中国根雕艺术之乡”的辉煌，也雕出了一个令人惊叹的国家5A级景区、全球唯一的根文化主题旅游区——根宫佛国文化旅游区根缘小镇。习近平当年走过的集趣斋福临门，也移到了根宫佛国的正大门，万千游客纷纷饶有兴趣地打卡穿行。

584

真正将开化根雕发扬光大的，是民间艺术大师——徐氏根雕传人徐谷青，他是中国一级工艺美术家，人称“根的疯子”，那些在别人眼里只配当柴烧的朽木、树桩，经他依势造型就会摇身化作妙趣横生的艺术品。不说别的，就说徐谷青大师积数十年之功力、倾注10余年智慧和心血完成的世界上最大一套五百罗汉根艺作品，陈列布局达600余米，堪称世界之最、华夏一绝，但你能想象吗？它们取材于广州白云机场改道时废弃的龙眼树根。

宋有林逋梅妻鹤子，今有徐谷青以根为妻。他把有限的时间和精力倾注在根雕事业上，创造了奇迹：他由钱江源头的一介山民，历经40余年专注根雕，遍尝苦辣酸甜后，变身为一代工艺美术大师。作家叶文玲在散文《不恨相识迟》中评价：这个肌肤糙黑、身躯精瘦，有着乱蓬蓬须发的徐谷青，好像就是天公地母和开化山神造就的一座大根雕。

徐大师打造的中国根艺美术博览园堪称“世界根雕艺术之都”，被誉为今人留给后人、现代留给未来的“世界文化新遗产”，“一部根艺美术的四库全书”，有着“天下第一奇园”之美誉。

585

有人说，一方水土，塑造一座城市的味觉，也孕育一座城市的性格。每座城市的饮食都藏着特有的“文化密码”，饮食就像一扇门，跨进去你就可以解码一座城。每念及一座城市，你会想到一个人、一处景、一首歌、一部影视、一些奇闻逸事，但更多的是那些让你回味无穷的小吃美食。唯有美食不可辜负，来衢州，坐拥美景美食，夫复何求？

586

衢州虽属浙江，但由于和闽皖赣三省交界，造成地形的交界、人的相逢、美食的融合、食材的丰富和文化的包容。各方官宦商贾都在此云集，邻近省市乃至全国口味都参与了衢州味道的形成。区位的特殊，致使衢州菜融合了毗邻三省的味道。

587

衢州自古是商贾云集的城市，水陆交通便利，过去酒肆多得像当今的饭店小吃店大排档，随处可见："杨柳荫中新酒店，葡萄架下小渔船。"清光绪年间，衢城始创的徐兰记菜馆以擅做满汉全席久负盛名，还有集贤楼、聚丰园等名菜馆。但只有老字号聚丰园坚守到现在，成为老衢州美食最深刻的印记。原来，衢州作为闻名遐迩的美食之城，有着如此悠久的历史呢！

588

衢州地跨盆地、山林、平原、丘陵、河流、湖泊，有着令人艳羡的山林湖田资源。连绵的山区，一年四季都有香椿、蕨菜、水芹、地衣等山菜野蕈；江河湖泊，盛产各色江鲜河鲜。丰盛多样的新鲜食材，让衢州理所当然成为闻名遐迩的美食圣地。

589

2021 年 11 月，作为江浙沪包邮区最能吃辣的城市，衢州因美食频上热搜，“衢州辣”话题热度超 5 亿！美女副市长田俊和知名美食博主盗月社共同为衢州美食“打 CALL”，综艺节目频频挑战，网络大 V 也争相打卡，于是乎，衢州辣味美食火了！

台州人是无鲜勿落饭，丽水人是无菇勿落饭，衢州人当然是无辣勿落饭。广州人是“无所不吃”，绍兴人是“无臭不食”，衢州人是“无辣不欢”，无论荤菜、素菜、点心，几乎都要放上辣椒。有些中国人出国会带上一瓶“老干妈”，而多数衢州人无论到哪总带着一罐辣酱，被戏称为“活在浙江的四川人”。哪怕是在酷夏，衢州人也要点上热辣辣的菜肴，一边挥汗如雨，一边大快朵颐。衢州菜的辣属于回味之辣，辣得诛心，辣得让人虽泪流满面，没过几天却又无比想念。惹得外地人吃衢州菜，纵然辣得直抹眼泪，他却吃辣如热恋，越辣越想吃，停不下来的“赶脚”（网络用语，意为感觉）。曾有外地领导到衢州，创下一口气吃 8 个鲜辣兔头的纪录。《都市快报》的同行金立鹏有天在朋友圈里说：来开化之前，上火，牙疼。吃了两顿辣的，好了。

无辣难称衢州菜

590

浙闽皖赣交界的衢州菜，食材更多样，制作更精细，融合了徽菜的重油重色、闽菜的香，尤其是赣菜的辣，不放辣椒不舒坦，主基调当然还是浙江人追求的鲜。衢州人喜欢绍兴臭豆腐，清蒸、油炸、煎炒都喜欢。衢州人还喜欢徽州毛豆腐，生煎、清蒸皆落胃。衢州人也爱吃皖南的臭鳜鱼……这一切，永远要烧得辣辣的。只有这样，才能闻着臭、吃着鲜香辣，舌尖滋味长。在逐“臭”的道路上，衢州人一步不落后。

591

衢州人坐拥青山秀水，骨子里却过着重口味的美食生活。“很能吃辣，不接受质疑！”衢州人吃辣，是从早晨一碗淋了酱油，撒满葱花、榨菜，加了辣椒的豆腐花开始的。

记得我们的老部长徐宇宁先生有句最经典的语录：“做宣传工作，要像青椒炒红椒那样，做到极致。”衢州人吃辣的极致是，炒青椒不够辣，再加上一勺子干红辣椒，叫“绝代双椒”。我有天在兄弟土菜馆点了一盘酸辣土豆丝，仔细一看，鲜红椒、青椒、白椒、泡椒、泰椒、干红椒，好家伙，6 种辣椒！那份酸爽，无以复加，无比鲜辣！

592

2008 年，衢州人王德龙在宁波开出一家衢州土菜馆，一开业，火辣的口味就吓跑了不少顾客，如今他已开有五六家衢州菜馆，以他为首的 300 多家衢州菜馆在甬城抱团成立餐饮协会。爱上衢州菜的宁波人说，每个星期不去吃顿辣菜，总觉得少点什么，嘴巴里都没味道。

想不到吧？被衢州辣口味攻陷的不只是宁波。衢州菜餐馆在省内分布最多的城市是同样以清淡口味为主的杭州，目前有 1300 多家。衢州菜刻骨铭心的辣，攻陷了人的味蕾，抓住了人的胃。同样辣劲上升的，还有一向喜欢“浓油赤酱”的上海。衢州菜席卷长三角，不是没有可能哦！

593

为何衢州人这么能吃辣？是因为地处金衢盆地，跟四川一样气候潮湿？可又有一种现象令人百思不得其解，邻近的同样处在盆地里的金华人为何少有人吃辣呢？是因为临近江西，衢州菜系受江西影响太大？是否还有更重要的原因，比如与早年食盐供应紧张相关？最早辣是用来代替食盐的，所以吃辣的地区集中分布在内陆山区，你看哪个食盐供应充足的沿海城市是吃辣的？这是台州日报社副总编赵宗彪分析给我听的，想想也不无道理。

594

衢州遍地是美食，好山好水好食材，决定了小吃大菜都不落俗套。如果你问我，衢州有什么好吃的，我可能会语焉不详：也没啥，不过就是鸭头、兔头、鸭掌、鱼头、肉圆、烤饼、山粉饺、小龙虾、小馄饨，还有酱粿、老鼠包、粉干、青丝面、青蛳……七天七夜都吃不完。这些美食没吃全，都不好意思说自己是衢州人，也不好意思说自己到过衢州了。有年春节，同事周芸请衢州学院青年画家徐明创作“舌尖上的衢州”系列明信片，手绘插画有 100 多张，张张引人垂涎。

595

江山白毛乌骨鸡、衢州杠酱、鲟鱼、鸭头、鸭掌、炒粉、龙游发糕、应季的果蔬……2021年1月开始，铁路部门与衢州市政府合力打造热链订餐供应点。通过12306App线上点餐，厨房现烧、到站配送，2小时热链供应，万千乘客在高铁上就能品尝到衢州味道，号称“舌尖上的高铁·南孔家宴·三衢味”。最具衢州特色的6种套餐和20多款衢州美食，品种丰富，颜值超高，运营以来，深受乘客青睐。

596

衢州的特色小吃辣出了新高度，论吃辣，湖南人那是当仁不让的，但是有一道出自浙江衢州的小吃组合，连湖南人都说太辣！它就是以辣出名的“三头一掌”。

“三头一掌”是衢州绕不过去的特色美食。衢州遍地是鱼庄，而兔头、鱼头、鸭头和鸭掌这些上不了台面的杂碎，却是衢州人的心头之爱。鸭头鸭掌，鸭肠鸭舌，鸭的全身都被衢州人安排得明明白白。吃也要讲技巧，鸭头吮骨，鸭掌吃皮，兔头吃脑，都被安排得妥妥帖帖。外地人第一次吃，犹犹豫豫下不了筷子，可当他们额头冒汗、大呼过瘾时，他们多半已经喜欢上了衢州。

衢州人吃兔头，始自20世纪50年代。衢州有家冷冻厂，专门杀鸭和兔，鸭头、兔头无人问津，便低价售卖给市民，3分钱一斤。聪明的衢州人尝试着放入十几味清火的中草药和香料，慢炖卤煮，把边角料演化成衢州最有名的神奇美食。

热辣的“三头一掌”，让你大呼过瘾

597

衢州有家知名连锁餐馆叫“妈的厨房”——乍一看，以为跟杭州的外婆家一样，打的是温情牌，结果机智的朋友王寒告诉我，大概是“辣得想骂娘”的意思。这家店开业多年屹立不倒，还开了几家分店，原因就是他家的菜肴辣得有味，辣得猛烈，辣得畅快淋漓。

598

有人说，早晨唤醒衢州人的不是闹铃，而是搁袋饼。搁袋饼是衢州特色早点。衢州话“搁”是“放”的意思。据说以前人们为了干活方便，将面饼搁在口袋中，劳作之余用以充饥，才有了这个形象生动的名字。咸酥热辣的面饼，夹一副油条，或者搭配一碗咸豆浆，人间无敌之美味啊！

599

这条巷子也太“好吃”了吧？走进市区一条叫马站底的小巷，便跨入衢州最地道的美食一条街了。沿着美食地图的指引，随便走几步，三头一掌、豆腐丸，各种小吃店眼花缭乱，不时挑逗着你的味蕾。老裴鸭头、老杜酱粿、府山老妈妈馄饨、毛大妈锅贴、杜泽灌肠……烟火气十足，这些都是衢州美食界响当当的老字号。不经时间的长久考验，未经“吃货”们的百般挑剔，没有两把刷子，还真不能够在此站稳脚跟。

600

衢州人的夜生活很粗犷豪迈也很市井烟火，不出几步就能遇见美食城、夜宵大排档。衢州人爱吃夜宵，不到半夜不散场。城里就有仁德路、百汇路、彩虹八号院、长竿街等超多去处，随便走进一家都不会失望。大学同学来衢，点名要去夜排档。长期夜班但从不吃夜宵的我把他们带到著名的南湖夜市，这才发现夜的衢州如此美味热辣。我们吃香的喝辣的，开心地“拉着仇恨”，刺激着夜的灵魂。

601

衢州虽然没有缙云那种专门的“烧饼办”，但衢州人极爱吃烤饼，一座衢州城，半城烤饼香。烤饼是衢州人一辈子咬在嘴里的味道，是满腔乡愁，是万缕执念，更是一生牵挂。在衢州，街头巷尾总会有一个烤饼摊等着你。有家周叔烤饼店，不习惯路边店的我竟成了它的忠实粉丝。每每听闻周叔得意地说"周迅的家人刚刚帮她快递了200只烤饼过去"，我只能咽咽口水说："周叔，给我来一只霉干菜大烤饼！"周叔心领神会："好嘞，薄一点，脆一点，辣一点！"说话间，色泽金黄、外酥里嫩的灼热烤饼，带着肉香、葱香、芝麻香和霉干菜香，以迅雷不及掩耳之势扑鼻而来，只等一碗小馄饨来绝配了。闺密要去远方谋生，行前要我带她去周叔的店，我们一边泪流满面，一边吃烤饼，欲罢不能。

602

气糕也是衢州人的早餐必备。在衢州农村，每逢大一点的节日，如农历七月十五和中秋、重阳、立夏、端午等传统节日，衢州人都会蒸上几屉气糕。气糕也称为醅糕、醅粿、气糕粿。先用米粉加酒糟发酵，蒸至七成熟时，撒上肉丝、笋丝、香干丝、榨菜丝或虾米等配料。洁白松软，香糯适中，味道独特。若以菜油、山茶油煎成两面焦黄，闻起来很香，吃起来很鲜。近年开化人还发明了气糕干，延长了食用期限，也迎合了年轻人的口味。

603

前有沙县以第九至第十三个"五年规划"力推沙县小吃，后有缙云对烧饼的推广，现有新昌安排专项资金千万元用于“新昌炒年糕”的推广，餐饮品牌是需要发掘、培育、统一包装、系统推广的，从某种意义上说，推广美食就是推广城市。

勤劳聪慧的开化人为做旅游真是蛮拼的，不仅县政府“气糕办”横空出世，而且还给气糕取了一个好听的名字“东方比萨”。开化的水、米都特别好，他们“要把气糕端到大家的餐桌上去”，这声响亮的吆喝隐喻着与沙县“小吃梦”、缙云“烧饼梦”、盱眙“龙虾梦”一样的初心——让农民增收致富。开化气糕能否真正同西方比萨般风靡世界？我唯有真诚地祝愿。

604

衢州的水质好，螺蛳特别洁净鲜美，一年四季都可以吃到，几乎每个餐馆都有螺蛳。衢州螺蛳是三好螺蛳：好环境，好食材，好烧法。有多种烧法：酱爆螺蛳、韭菜炒螺肉、榨菜螺蛳肉炖蛋、荠菜螺肉羹……烧螺蛳时放一把紫苏，这才是关键。大学毕业刚参加工作那会儿，加完夜班，我总爱和同事们在深夜骑车去中华电影院附近的小吃摊，师傅是衢州空勤灶出来的大厨，那一盘上汤螺蛳哟，至今难忘。

605

在衢州，一碗馄饨都能自成一派江湖。

衢州的馄饨个头不大，薄薄的皮裹进一点肉，入口即化。倒上辣油，撒上葱花，撒点胡椒粉，味道刚刚好。府山老妈妈馄饨，这个招牌已经打了70年的网红小吃店，在衢州家喻户晓。我人生吃的第一碗老妈妈馄饨可以追溯到40多年前，汤里有鸭蛋丝、葱花、油渣、紫菜和榨菜末，加上一小勺自家熬制的猪油，再撒上胡椒粉。一碗馄饨，足以慰藉我身体的不适或出差太久造成的思念。

百年品香馆，一碗“游泳的馄饨”，得有多好吃？江西人游治修1909年创下的品牌，伴随常山人一个多世纪，或许是衢州地区历史最悠久的馄饨店了。孙子游泳是第三代传人。“白纸包松香，抛在塘中央。听得塘水涨，连忙把网张。”这句煮馄饨的俗语，多么形象生动。每次到常山，不论多饱，我总要吃上一碗“游泳的馄饨”才心满意足。

606

“龙游待3天，夜夜杨爱珍，这是让韩寒每次去龙游都欲罢不能的女人。”虽然标题党说得有点俗，但龙游这家杨爱珍大排档，的确是韩寒点过3次名、万千网民都知道的小吃店！韩寒执导的《后会无期》，片尾有朱砂白印的“杨爱珍”标志。韩寒在2008年获得龙游亚太汽车拉力赛冠军，车手职业生涯达到了巅峰，他在小说和博客中多次提及龙游。此后每年10月拉力赛，韩寒都会来，每次必定光顾这家开了30年的情怀小吃店，因为他忘不了那碗小馄饨。他在《春萍，我做到了》里写道：“如果没有拉力赛，我想也许此生我都不会去到这个县城。每次开到这里都是凌晨2点，都要去杨爱珍大排档吃一碗小馄饨。离开的时候都是周一的中午，再随手买一些吃的带上车……”如今，杨爱珍已开了多家分店，火爆人气依然不变。

607

衢州人将平常普通的地瓜粉（薯粉、山粉）做到了极致。

“吃货”们会驱车几十里，直奔衢江区全旺老街，就为一口用芋头和地瓜粉做皮的芋饺，晶莹剔透，Q弹粉糯。地瓜粉和鸡蛋打在一起做的鸡蛋面，可炒，可做汤。衢州特有的肉圆也是拿地瓜粉做的，清蒸，切片爆炒，煮汤，几种形态，口感味道全然不同。放在汤里的肉圆，改名换姓叫漂圆。说到漂圆，就得提到衢州人超爱的“花木兰”砂锅店，店里出品的年糕、粉丝、漂圆、饺子、青菜组成的混杂砂锅，鲜辣热乎，淋漓过瘾。

608

对许多衢州人来说，一口透心凉的，不是雪碧，而是水晶糕。在衢州，一边吃鸭头，一边吃水晶糕，只有这两者绝配，人生才算完美。一到夏天，衢州人变身水晶糕的狂热爱好者，小吃店也纷纷制售水晶糕。网上有不少“吃货”交流制作流程，最关键也是最高级的用料是荸荠粉，其余才轮到淀粉、番薯粉、葛粉、藕粉……他们口出狂言：不会做水晶糕的衢州人，不是个好“吃货”。我自认为是枚优秀“吃货”，却至今没有掌握这门技艺的秘诀，怎么办？

609

在衢江区杜泽方言中,灌肠的谐音是“不断”。杜泽人可能是美食界的另类,偏偏把猪肠做成了“思乡的愁肠”,已有200年历史。他们把糯米或者米粉灌入肠子,两头扎紧,佐以桂皮八角,用高汤、旺火卤制。每到晌午时分,制售灌肠的“不断娘”们拎着散发着诱人香味的“不断桶”走街串巷,吆喝着“卖‘不断’,卖‘不断’啦!”村民听到叫声就陆续从家里舀一竹筒米,来换取“不断”……如今,杜泽灌肠不仅在衢城大卖,还远销到北京、西安和香港等地,更多的人尝到了衢州特有的美味。乡愁是咬不断的,哪怕隔着手机屏幕,游子们都能闻到来自家乡的浓香。

610

如果你对小吃有强烈追求,我建议你去龙游。龙游评选出米糊、豆腐丸、猪肠、葱饼、葱花馒头、粉干、芋头粽、肉圆、清明粿、北乡汤圆等“十大特色小吃”。还有发糕啊,小辣椒啊,德辉酥饼啊,德辉老板还创建了中国首个糕饼文化园,青糕、红糖糕、白糖糕、桂花糕、核桃糕、红枣糕、大栗糕,什么糕都有,只怕你想不到。

“80后”龙游小伙姜鹏放弃杭州的白领工作回乡创业,将龙游美食一网打尽,组合成“一盒故乡”传递到大江南北,乡愁里做出大市场。

我大学刚毕业去龙游采访时,有个重大发现,街上开有不少牙医诊所。我不由暗想:是不是龙游人口福太好,牙齿就不好了呢?一惑,一笑。至今仍无解。

611

衢州人过年,必不可少的美食是龙游发糕。咬一口以地域命名的糕饼,仿佛把春天含在嘴里。它已经1400多岁了!据传,它的出现是因为一个美丽的失误。一个农家小媳妇在拌粉蒸糕时,不小心碰翻一碗酒糟,她只得把沾了酒糟的米粉拌好放在蒸笼里蒸。谁知这笼糕特别松软可口,还有微微酒香。从此,龙游人在蒸糕时就有意识地拌进酒糟。龙游方言中"发糕"和"福高"谐音,发糕就有了"年年发、步步高"的吉利意思,成为衢州百姓必不可少的一道春节美食。美食电影《舌尖上的新年》记录了全国43种年味美食,龙游发糕被当作"浙江三绝"之一重磅推出,还端上了联合国总部。当然,现在时时处处都能买到发糕,不必等到过年了。

612

有一种乡愁,叫苏庄炊粉,现在蔓延到开化全境,这也是我的好友徐锦庚先生的乡愁。开化人喜欢用米粉拌上肉类、鱼类或蔬菜蒸熟而食,谓之"炊粉",其中依稀有着徽菜的影子。造屋、结婚、生孩子、做寿,逢年过节,家家户户必炊。家禽畜肉、螺蚌鱼虾、各种瓜菜,无菜不炊。加上米粉、山茶油、腊猪油、米酒、食盐、辣椒、姜、蒜、葱等拌匀,放到饭甑里用猛火蒸熟。关键技艺是掌握好味道和火候,既要保存蔬菜和肉的原有成分,又要特别香辣诱人。

在苏庄，著名的保留菜单是炊菜八大盆：红艳鲜辣而开胃的是辣椒包，一清二白的是豆腐包，晶莹剔透的是水晶包，香味扑鼻的是香菇咸肉包，肚中藏肉的是炊鱼包，青黑纤细的是青蛳包，细粉裹肉的是米粉肉包，诱人食欲的是土鸡蛋包……夜深了，边值班边写书稿，饥肠辘辘的我再也写不下去了，真想去开化，把这八大盆一口吃进肚子。

炊菜八大盆

613

粉干，和云南的米线差不多，也是衢州人饭桌上必不可少的。夏天凉拌粉干，冬天热汤浇头粉干。粉干中的“战斗机”是始于明朝的双桥粉干。在双桥，几乎家家户户都会做粉干，用的是高山甘泉水加优质精米。不会碎，不会糊，口感软滑清香的双桥粉干，几百年来坚持“三好”原则：米好，水好，最后要晒好。要晒好，首先要风吹得好。双桥的风似乎有种魔力，演绎了风与水、水与米的神奇传承。

614

某年中秋前夕，央视新闻官方微博公布了中国九大月饼门派，衢式月饼榜上有名，代表月饼就有杜泽桂花月饼和邵永丰麻饼。

智慧的杜泽人发明了外形圆润、内部空心、散发桂香的桂花饼。用料不多，喜气洋洋，还有面子，“吃货”们也终于找到一个吃了不怕胖的月饼了。桂花饼的制作工序有点神秘，全凭师徒之间言传身教。

邵永丰，衢味麻饼，衢州独有的美食文化符号。2006 年，“邵永丰”跻身全国首批“中华老字号”。2021 年，其制作技艺被列入国家级“非遗”名录。相较于主流的广式月饼，不少衢州人更爱麻饼，就爱它的热气腾腾、酥香可口。衢州民俗专家汪筱联认为，白居易跟随在衢任职的父亲时，有首《寄胡饼与杨万州》，写的就是衢州麻饼。唐代从西域引进芝麻，称为胡麻。饼也因此被称为胡麻饼或胡饼。邵永丰麻饼 1929 年就夺得“国家级名品佳点”，如今第四代传承人徐成正担起

“永丰”名号,不同口味的20多个品种陆续出炉,专柜开到了台湾,各种荣誉拿到手软。

615

被习近平深情赞誉为“好地方”的开化,是中国生态美食之乡,秉承山水恩赐,风景这边独好,滋味也是这边独妙。许是因地处浙皖赣三省七县交界,史上多移民商贾,包容的胸怀是山里人生活的大智慧,也造就了那里颇为精彩的饮食文化。云雾里的野菜山珍,清水中的鱼蛙虾蟹,所有的食材都是天然有机之物。口味比其他浙菜辣,比徽菜重,较湘菜纯,开化菜征服了无数人的胃。开化人雄心勃勃,正摩拳擦掌打造中国第九大菜系呢!

616

《舌尖上的中国2》热播,在开化乃至全国掀起了一股青蛳热。打开微信朋友圈,圈友都在晒青蛳。一盘青蛳带动一方旅游。“农家菜”一夜变身“土豪菜”,开化每天的青蛳用量近千斤。游客们来开化为的就是品尝这道美食,其价格也迅速飙升到四五十元一斤,最好最贵的要100多元钱一斤。《舌尖上的中国2》中的“青蛳捕手”余云山夫妇,生意明显好转,即使不是旺季,一天也能卖出30多斤呢!

开化青蛳火了,就连作为配角的紫苏也跟着“鸡犬升天”。为了吸引顾客,开化各大酒店的大厨小厨们纷纷想办法,除了传统的紫苏炒青蛳之外,清炖青蛳、青蛳拼盘、青蛳两吃等新式菜品纷纷出炉。

617

一次遇见，终生难忘。在开化钱江源，有一家开了37年、名播四方的途中饭店。闻香下马，知味停车，各地老饕、媒体人必来打卡。老板余身和擅厨艺之外，喜书法，不媚世阿俗。我和“吃货”们心心念念的途中饭店，也是陈晓卿这个用《舌尖上的中国1》《舌尖上的中国2》在全中国“吃货”心中放火、深夜放毒的男人心心念念的地方。他在浙江美食巡游大啖一周，最爱的还是开化菜，曾在凤凰卫视节目中脱口而出：“如果你有机会去一个叫开化的县，在那个半山腰上，有一个途中饭店，走进去不用点菜，道道菜都好吃！”

凤凰卫视著名评论员杨锦麟先生品过这里的汤瓶鸡后，连说几个“好”，随即就在微博上推荐给自己的500万粉丝。

途中饭店已然成为开化的一张名片，这家店凭什么让美食“大咖”陈晓卿多次点赞？他家汤瓶鸡是一绝，余老板用从爷爷手上传下来的那些传承了三代人梦想、至今已有100余年历史的老汤瓶，4小时炭炉慢炖山林散养的土鸡，几乎不放作料，道法自然，让这一罐汤瓶鸡香飘四海。无论多远，食客慕名而来吃的就是汤瓶鸡的原汁原味。还有青蛳、清水鱼、风干蹄、捞苋菜、蓝纹奶酪般的马金豆腐，尝一口，“鲜得让你吓一跳”。于是，你也会和陈晓卿一样，“整个口腔鼻腔完全失去抵抗”。

常有客人请老余去杭州等地再开一家饭店，他笑着谢绝了。用他的话说，没有好的食材，没有好的环境，再好的手艺也烧不出美食。老余经常在微信上发消息邀请我：“累了，就到途中饭店来，吃个饭喝口茶!”我也时常想念“途中”美味。

618

年粽,衢州人不可割舍的年味,有“年年中”的寓意。在衢州,粽子裹着各种馅,甜、咸、荤、素,形状有三角、枕形、长条形。我最爱芋头粽,个头大,味道鲜辣。还有腌菜粽,酸中带辣,超级棒。在外地人眼里,衢州粽里竟包着肉,还辣,大惊!而在衢州人眼里,外地人吃甜粽甚至是没啥内容的淡粽,真是一件难以想象的事情!当然,无论咸甜口味怎么争,摆脱不了的是粽子们那件永远翠绿清新的外衣。

619

开化桐村有道传统名菜“三层楼”,我向往了许多年,最近终于得偿所愿:萝卜干打底,粉丝为主,猪肝铺面,三种食材组合在一起。逢年过节,桐村人都会以此招待贵客。话说从前日子紧,拿不出像样的荤菜待客,聪明的桐村主妇便将多种食材组合成美妙滋味,什么猪肝三层楼、肉丝三层楼、猪舌头三层楼、豆腐三层楼等。如今,这菜品的寓意已被赋予新的内涵:好日子越过越爽气,越过越绵长,越过越有滋味。这让我想起在都江堰时作家王棵请我们吃过的冒菜,真有点相似。

620

衢州农村都有打年糕、吃年糕的习惯。“年糕年糕年年高”，有“年高”之意，意味着一年更比一年高，年年高升。从前衢州人吃的是手工制作的年糕，特筋道。现在，机器代替了手工，但春节吃年糕依然少不了。因为水好、米好，衢州哪里的年糕都好吃。最是难忘，常山黄冈山农家乐的糖炒桂花年糕。

621

常山贡面，又叫索面，需经揉粉、开条、打条等18道纯手工工序，经十二三个小时方能成功。拉好的贡面，一般有2米长，细能穿针。常山人正月里拜年，每到一家总有一碗热辣辣油汪汪的索面相迎。吃索面有多重寓意，正月初一叫“新年面”；生日寿诞叫“长寿面”；婚庆、乔迁叫“喜庆面”；新女婿上门叫“子盈面”，索面加水氽蛋，民间戏称“猪栏草铺子”；学生考前煮一碗索面加三个水氽蛋，寓意“三元及第”，能考出好成绩。索面要好吃，煮面、调料、火候，一样都不能马虎。

著名诗人黄亚洲来国际慢城常山讲学时，对有千年历史的贡面情有独钟，连夜赋诗《常山银丝贡面》：“城很慢，面的故事很长……”亚洲主席拿捏得如此精准，完成了诗坛高难度的创作。我更佩服他了。

622

我喜欢去廿八都，除了老街古巷，吸引我的还有那里的美食，号称“八大碗两名点”：“八大碗”是风炉仔豆腐、枫溪鱼、豆蔻猪手、腊肉鱼干、笋干炖排骨、石斛炖石蛙、廿八都野菜等，“两名点”是燕皮馄饨、铜锣糕。

廿八都有一种颜色翠绿、口感清香的铜锣糕，因形状像一面绿色的铜锣而得名，已有上千年的制作历史，在浙闽赣边界地区被奉为“糕中之神”。古镇廿八都到处摆着铜锣糕。下铺碧绿的艾叶，上淋香甜的糖桂花，甜而香，却很解腻。2015 年春，全国百名文化记者走进衢州，不少同行在廿八都一吃就爱上它，以后年年请快递，以解相思之苦。

除了廿八都古镇上的老街，衢州值得“逛吃逛吃”的老街还有杜泽、溪口、清湖、芳村、马金等，同样充满古韵风情，遍布美食小吃。

623

一座城市的自信和雄心！打造诗画浙江大花园最美核心区。市第八次党代会传来消息，未来 5 年，衢州力争夺下 10 多个“国”字号：经济总量跻身全国百强、打造信用示范之城、争创全国低碳示范城市、世界级高端电子化学材料基地、世界级锂电材料基地……

来到衢州，散文家韩小蕙撰文《渴望迷路》；而我去乌镇，一面希望这座江南古镇留住我的脚步，一面却希望游人少一些，流连的足音轻一点，说话的声音柔一些，千万别惊扰那绵延千年的神奇之梦；衢州作家刘艳萍写就《被遗忘的古镇廿八都》："你太美，我宁可你一直被遗忘。"

我现在宣传有意思的衢州，又何尝不是怀着如此复杂的心情呢？这本书的写作历时四年，十易其稿，每改一稿，总会增加不少新段子。所以，我也坚信，有意思的衢州，今后定将续写更多有意思的故事。